大学と防災教育

兵庫県立大学防災教育研究センターにおける10年の実践

兵庫県立大学防災教育研究センター・編

はじめに

　皆さんは「防災」や「教育」と聞いて、どんなイメージを持つでしょうか？
　例えば、「防災」は自衛隊や消防士の活躍する姿や避難所の様子、あるいは学校の避難訓練やダム・堤防など？「教育」は学校の教室で座って勉強すること？人によりイメージは違うと思いますが、防災も教育も、マジメでかたい印象があります。この本は、そんなイメージを少し変えてみたくて、つくりました。
　兵庫県立大学は、公立大では全国有数の規模を持つ総合大学です。阪神・淡路大震災（1995年）を経験した被災地の大学として、前身の神戸商科大学、姫路工業大学、兵庫県立看護大学の時代から、様々な復興支援や防災活動に取り組んできました。本書は、2011年に設立された防災教育センター（現・防災教育研究センター）が、10年間にわたって、どのように大学生や地域・社会と共に防災教育やボランティア活動等を実践してきたのか、その活動を取りまとめたものです。次のような方々に、ぜひ読んで欲しいと思っています。

* 社会や気象現象などに関心があり、防災を学んでみたい大学生や高校生。
* 日々、悩みながら防災教育を実践している全国の大学関係者。
* 大学生や教員と何か一緒に連携・協働してみたいと考えている地域や学校、自治体、企業、NPO等の方々。
* これまで防災教育研究センターの活動を様々な形で支えてくれた方々。
* 大学で防災を学んだ頃の初心を振り返りたい卒業生・修了生。　　　など

　本書を通して、大学の「防災教育」は多様で自由で、時に楽しく時に厳しく、そして思いやりと責任が求められる成長のプロセスだと、多くの方に知っていただき、我々の学びや活動の輪に加わっていただけることを願っています。

執筆者一同

目次

I

総論：防災で大学に求められる役割

1 大学での防災教育と人材育成

室﨑 益輝

■1-1　災害に強い人間

（1）ヒューマンウエア

　阪神・淡路大震災や東日本大震災を経験して、事前に災害に備えることの必要性を、強く思い知らされた。この事前の備えでは、都市や建物の構造を災害に強くすることも必要だが、コミュニティや社会システムを災害に強くすることも必要である。さらに、人間そのものを災害に強くすることも必要である。

　被害を軽減する手段としては、耐震補強や堤防建設といったハードウエアに加えて、情報伝達や組織整備といったソフトウエアが欠かせない。情報システムの整備や自主防災体制の強化が求められる所以である。といって、ハードとソフトが整備されておれば十分かというと、必ずしもそうではない。

　東日本大震災において、ハードとしての防潮堤が整備されており、ソフトとしての避難情報が伝えられたにもかかわらず、多くの人々が逃げ遅れて被災した。堤防があるから津波には大丈夫という思い込みや、警報が出されても今回も誤報だろうという思い込みが、早期の避難を妨げたからだ。結果として、油断や慢心あるいは偏見といった人間の心の問題が問われることになった。

　この現実は、ハードウエアやソフトウエアに加えてヒューマンウエアの必要なことを教えてくれている。ヒューマンウエアは、防災や減災に関わる人的要素をいう。それは、精神的にも肉体的にも災害に強くなるよう、人間の心身を鍛えることを求めている。防災教育や意識啓発によって、また防災訓練や技能習得によって、さらには健康管理や体質改善によって、人間そのものを災害に強くすることを求めている。

（2）防災のための人材育成

　この災害に強い人間ということに関わって、減災や復興の取り組みの中心に

はいつも人間がいることを忘れてはならない。被害を受ける客体としての人間、被害を防ぐ主体としての人間がいる。そのうちの主体としての人間のあり方を考えてみよう。災害を防ぎ被害を軽減するのも人間であり、災害を招き被害を拡大するのも人間であり、災害からの復興を成し遂げるのも人間である。

　それゆえに、減災の主体としての人間が災害に強くならないと、社会全体が災害に強くならない。社会が災害に強くなるためには、一人ひとりの人間が災害に強くなると同時に、社会を強くするためのリーダー的人材が要所要所に配置されていなければならない。そのためには、すべての人を対象とした防災教育の推進と減災のリーダーを対象とした人材育成の強化がともに必要となる。

　後者の人材育成に関わっては、適材適所という言葉がある。それぞれの立場や役割に応じて果たすべき災害対応があり、それを可能とする資質や能力がそれぞれのリーダーに求められる。その資質と能力を持った人材を育み、要所要所に配置しなければならない。そこから、社会の安全に寄与するように社会的シフトを組み立てるのである。

(3) 人材を育む防災教育

　その人材育成をはかるためには、防災教育の効果的な推進が求められる。その防災教育では、防災に関わるマインド、ウィズドム、スキル、ネットワークの四つを育むことが求められる。マインドでは自らも含めて人々の命を守ろうとする心を、ウィズドムでは命を守るための知恵や知識を、スキルでは命を守るための技能や技術を、ネットワークでは命を守るためのつながりや助け合いを、育むのである。

　防災教育では、人の心や意識を減災の方向に抜本的に変えることが求められるが、その変革は容易ではない。人の心の中で長年にわたって蓄積された経験知は、すぐには変わらないからである。それだけに、緻密な戦略と周到なプログラムでもって、硬直化した反減災の意識を正さなければならない。防災教育の態勢の強化や手法の練達が求められる所以である。

　その態勢強化や手法練達のためには、それを担う機関としての防災教育セク

ターの充実が欠かせない。この教育セクターの充実ということで、阪神・淡路大震災以降に専門家育成を目的とした研修機関や教育機関の整備がはかられている。行政の専門家育成を目指す「人と防災未来センター」などの研修機関や、地域の専門家育成を目指す「防災士研修センター」などの研修機関がその一例である。それに加えて、大学などの高等教育機関での専門コースの整備が求められる状況にある。

▌1-2　防災人材の育成と配置

(1) 防災人材の社会シフト

　人材育成では、どのような人材を育成し、その人材をどこに配置するかが問われる。どのような人材をという時には、安全な社会の形成に求められる人材の機能や特性を考えなければならない。どこに配置するかという時には、安全な社会の形成に欠かせない組織や部署を明らかにしなければならない。

　後者のどこに配置をということから考えよう。社会を構成するあらゆる地域や組織、あらゆる分野や領域が災害に強くならなければならない。地域や組織は、社会の成員として社会の安全のために寄与しなければならず、そのシェルターとして構成員の安全のために努力しなければならない。外に対する責任と内に対する責任を持つ。

　空間あるいは管轄のスケールで考えると、国土レベルから地方さらには地区レベルのそれぞれに、国家から自治体さらには自治会レベルのそれぞれに、防災力の向上と防災人材の配置が求められる。組織の機能あるいは部署で考えると、消防や警察を含む危機管理に関わる部門はもとより、医療、保健、福祉、環境、ライフライン、建築、土木、政治、経済、文化、教育などあらゆる部門で、防災力向上と防災人材の配置が求められる。

　ここでは、行政組織や危機管理部門だけが災害に強くなればよい、という考え方を捨てなければならない。防災力は、基礎的素養あるいは基本的要件で、すべての組織すべての分野に求められる。公的機関だけでなく民間機関にも、行政組織だけでなく地域組織にも、さらにはサードセクターといわれる市民団

体などの中間組織にも、防災力の向上と防災人材の配置が求められる。

（2）減災協働の正四面体

　どこに人材を配置するかということでは、協働の正四面体というフレームを思い浮かべる必要がある。協働の正四面体というのは、防災や減災の責務を持つ主要な組織や分野が、正四面体のような形で対等の立場でスクラムを組まなければならない、というものである。大きな自然に小さな人間が向き合うためには、人間の力を足し合わせなければならず、組織間や分野間の連携が欠かせないからである。

　この協働の正四面体という時に、私は以下の四つの正四面体が欠かせないと考えている。それは、減災主体の正四面体、減災コミュニケーションの正四面体、減災基盤の正四面体、減災人材の正四面体である。減災主体では、減災の担い手の中心になる行政、コミュニティ、中間組織、企業事業所がスクラムを組むこと、減災コミュニケーションでは、行政、住民、メディア、専門家がスクラムを組むこと、減災基盤では、福祉、環境、経済、教育がスクラムを組むことが求められる。

　その中でも、最も大切なのが減災主体の正四面体である。阪神・淡路大震災で行政主導の防災の限界が明らかになった。公助や自助だけではなく、共助や互助の必要なことが明らかになった。その教訓から、コミュニティ、企業事業所、中間組織などとスクラムを組むことが目指されている。企業事業所の中には学校や福祉施設なども含まれる。中間組織の中には NPO やボランティアなどが含まれる。行政とコミュニティが連携することはもとより、民間企業や NPO が率先的に防災を担うことが、ここでは期待されている。

　次の、リスクコミュニケーションの正四面体も大切である。先に意識を変えることの必要性に触れたが、災害のリスクや防災の備えについて正しい考え方を持つことは、必須の要件である。それを可能とするリスクコミュニケーションでは、行政が積極的に情報の開示をはかることは言うまでもなく、メディアや専門家が積極的にその役割を果たさなければならない。専門家が住民に顔を

向け、積極的かつ平易に情報発信することが強く求められている。

　3番目の基盤の正四面体は、日常の延長線上に非日常の対応があるという認識のもとに提起されている。福祉関係の見守りの態勢、環境関係の自然との共生、経済関係の地域のにぎわい、教育関係の防災意識の向上の四つの基礎がしっかりできていないと、社会の安全は達成できない。この福祉、環境、経済、教育は、減災対策における公衆衛生としての性格を持っており、日常的にそれらの基盤が整備されていないと、非常時の減災や復興がうまくゆかない。

　以上の正四面体を構成する組織や領域には、それぞれに課せられている減災の使命を効果的に果たせるよう、適切な人材が配置されなければならない。この減災の担い手の中では、とりわけ行政の占める位置は大きく、そこでの人材育成と人材配置は重要である。ところが、防災意識が最も欠如しているのは行政職員だと揶揄する声もある。減災のリーダーシップが発揮できるよう、首長も含めて全職員の防災力向上に努めなければならない。

　加えて、企業や学校などの防災力向上と人材配置にも力を入れなければならない。企業や学校の不祥事や事故事例を見ていると、そこに危機管理能力を持った人材が配置されていないことに気づかされる。企業の社会的責任を果たすうえで、学校の教育責任を果たすうえで、危機管理能力や防災教育能力の向上は欠かせないので、防災能力を持った人材の配置を率先してはかる必要がある。

　学校については、「先生が変われば生徒が変わる、生徒が変われば親が変わる、親が変われば地域が変わる」といわれるだけに、地域の防災力を高めるエンジンとしての役割を自覚して、その責務を果たすようにして欲しい。

（3）減災に関わる四つの人

　それでは、どのような人材を育成するかを考えよう。減災の人材についても、協働の正四面体というフレームがあてはまる。そこでは、風の人、土の人、水の人、陽の人という、タイプの違う四つの人の参画と協働が求められている。これは、地域や職場の防災力の向上を、風が種を運んできて土にまき、暖かい陽ざしの下で水をやって、花を咲かせるプロセスになぞらえている。

地域や職場での減災の主たる担い手は、そこで生活を行い活動している構成員である。その構成員を土の人と呼んでいる。土壌が豊かな栄養を含んでいると、大きな花を咲かせることができる。それゆえ土の人には、日ごろから学習に努め、リテラシーを高めておくことが求められる。土の人は、現場知を持っているし、地域連帯も持っている。その現場知と連帯感をいかに生かすかが問われている。

　さて防災には、現場知だけでなく経験知や専門知がいる。低頻度ゆえに過去の経験が乏しいため、それを他地域における過去の経験で補う必要がある。また、命や地域の存亡を大きく左右するだけに、高度な専門知識や技能がいる。この経験知と専門知を補完する役割を専門家としての風の人が担う。災害や防災に関する研究を行っている専門家、過去の災害や復興の経験が豊かな専門家が、風の人になる。

　ところで、著名な専門家が風の人となって種をまいたとしても、花が咲くとは限らない。花が咲くには、水と日光がいる。水の人と陽の人がいるのである。陽の人に該当するのは、地域や組織の防災活動を暖かく見守り背中を押す、行政である。自発的で創造的な減災の取り組みは、画一的な制度や硬直的な行政からは生まれない。生徒の背中を先生が後押しするように、行政が暖かく地域や組織を見守らなければならない。暖かい陽ざしには、防災活動が進展するための環境整備も含まれる。

　この四つの人の中で、水の人は極めて重要な役割を果たす。土の人に寄り添って持続的に水やりを行い、花が咲くまで届けるのが水の人である。地域や職場の中あるいは近くにいて、防災力の向上に持続的に貢献するアドバイザーやコーディネーターあるいはサポーターが水の人である。防災や福祉さらにはまちづくりに関わる、民生委員や生活支援員、消防団員や防災士、危機管理アドバイザーや学校の先生などが、それにあてはまる。

　土の人については、学校教育や社会教育でその啓発をはかることが求められる。風の人については、高い知見が蓄積されている研究機関などでその養成をはかることが求められる。陽の人については、国家公務員を含む行政職員を対

象にした研修機関での研鑽をはかることが求められる。ただ残念なことに、この陽の人の研鑽が最も遅れている。

　水の人については、防災士や危機管理士などの資格付与、各種の防災教育研修による人材育成により、その補完がはかられている。コミュニティごとにボトムアップ型の地区防災計画の策定が進められているが、その推進者として水の人がいる。すべてのコミュニティに多様な得意技を持った人材が、できれば複数名必要となるが、それだけの人材が育成できていない。地域密着型の防災リーダーの育成強化が、急がれている。

■1-3　防災教育のあるべき姿

（1）教育の有効性と限界性

　防災教育の必要性あるいは有効性にかかわって、東日本大震災で釜石市の小中学生のとった避難行動事例を紹介しておきたい。俗に言われる「釜石の奇跡」である。この釜石の奇跡に関しては、釜石東中学校の生徒と鵜住居小学校の生徒が率先的に避難することにより、自らの命だけでなく周囲の人々の命も救ったことがよく知られている。

　生徒たちは、予め指定されていた避難場所に退避したが、周囲の状況からそこが危険と自ら判断して、さらに高台を目指して避難している。そのことが、全員の命を救うことにつながった。最初の避難場所にいたならば、津波で命を失っていたからである。ここでは、事前の被害想定に捉われずに状況を見て的確な判断を下したことが、高く評価されている。

　この釜石の命を守った成果は、釜石東中学や鵜住居小学校だけのことではない。釜石市全体では、人口の2.6％が犠牲になった。ところが、小中学生に限って見ると、0.2％しか犠牲になっていない。殆ど全ての小中学生が、自らの命を自らの力で守り抜いている。学校にいた生徒だけではなく、自宅等にいた生徒も避難を的確に行っている。

　ところでこの背景には、釜石市の学校が日頃から行っていた防災教育の優れた取り組みがある。防災教育によって、危険を正しく理解する力、冷静に状況

を判断する力、率先して避難する力などを身につけていたことが、幸いしたのである。事前の適切な教育が、災害に強い人間をつくること、自らの命を守る力につながることを、教えてくれている。

ところで、防災教育については有効性だけでなく、限界性もあることを強調しておきたい。本章の冒頭で、ハードウエアだけでは駄目でソフトウエアもヒューマンウエアもいる、と述べた。ヒューマンウエアすなわち防災教育の必要性を強調するがために、ハード、ソフト、ヒューマンの三つの手段の相互補完性を提起したのである。ハードやソフトだけでなくヒューマンもいるということは、ヒューマンだけでなくハードもソフトもいるということを、裏返しの関係で教えている。

ヒューマンな防災教育だけで防災や減災の目的は達成されない、ということである。災害に強いまちづくりや危機管理体制の構築を疎かにしておいて、防災教育だけに減災の責任を押し付けてはならない。防災教育が減災の万能薬でないことを知らなければならない。最近は、自助や自己責任が過剰に強調される傾向があるだけに、自己責任を促す教育至上主義的な考え方には警告を発しておきたい。

この教育の限界性に関連して、私は「フールプルーフ」という防災の原則を大切にしたいと思っている。フールプルーフというのは、人間がフールな状態になってもプルーフされるということで、危機的な状況で混乱に陥る人間を、周囲の物的あるいは社会的環境によって守ることを求めている。難しい操作や困難な判断を危急時の人間に求めてはいけない、ということである。

人間は愚かな存在で、往々にして間違った行動や判断をとりがちである。だからこそ教育が大切だということができるが、だからこそ教育に頼り過ぎてもいけないということもできる。とくに危急時には、生理的あるいは心理的に正常な判断ができなくなる性向をもっているだけに、フールプルーフの原則は大切にしたい。人間の弱さを知った上で防災教育の展開をはかり、防災教育の限界性を知った上で減災対策の推進をはからなければならない。

(2) 教育の目標と課題

　ここからは、防災教育の方向性について考えてみることにしたい。防災教育のあり方を、教育の目標、教育の内容、教育の方法の三つに分けて考えよう。まず、目標としての災害に強い人間像をまず明らかにし、次に、その目標の達成をはかるうえで必要な教育内容を考え、最後に、その目標と内容に相応しい教育の手段や方法を考察することにしたい。

災害対応の要件

　防災教育のあり方を考えるにあたっては、災害に強い人間に求められる資質を明らかにしなければならない。ところでこの資質に関して、関東大震災の直後に出版された「大震火災・避難の心得」という書物に着目したい。この書物の編集は、政府の機関であった震災予防調査会が行っているが、その中で、災害に強い人間が具備すべき要件として、油断大敵、用意周到、沈着機敏、臨機応変の４条件が示されている。

　油断大敵というのは、災害リスクを正しく理解することを要求している。自分だけは大丈夫という「正常化の偏見」におちいることを戒めるものである。用意周到というのは、事前の備えに最善を尽くすことを要求している。「転ばぬ先の杖」を求めている。

　沈着機敏というのは、動揺することなくテキパキと行動することを要求している。初動では、瞬時に適切な行動をとることが欠かせないが、そのためには混乱状態にあっても冷静さを失ってはならない。最後の臨機応変というのは、状況に応じて柔軟に対処できることを要求している。想定や前例などに縛られず、弾力的に対応するための判断力や適応力が求められている。

　ところで３番目の要件の沈着機敏は、パニックにおちいりやすいという人間の情報処理特性を考えると、相当の試練を積んでいないとその実現は難しい。ということで、行政の災害対応の責任者などには求められても、一般の人には求めにくい。そこで私は、阪神・淡路大震災の教訓としての自律連携を、この沈着機敏に替えて提示することにしている。自律連携は、それぞれの責任を果たしながら、力の及ばないところが互いに助け合うことを、求めている。

油断大敵と用意周到はリスクマネージメントに関わるもの、臨機応変と沈着機敏あるいは自律連携はクライシスマネージメントに関わるものである。

防災人材の素養

　これらの災害に強い人間の要件は、適切な対応を行うための行動原理というべきものである。この原理を遂行するためには、その遂行に欠かせない素養がいる。その素養は、精神的素養、技能的素養、運営的素養に分けて考えることができる。防災のマインド、防災のスキル、防災のマネージメントである。

　溺れている子供を助けるには、飛び込んで助けようとする心がなければならない。それに加えて、泳いで救助ができる、人工呼吸ができるといった技能がなければならない。さらには、周りの人に呼び掛けて救急車の手配をするといった連携体制がなければならない。私は、この三つの素養を減災の「心・技・体」と呼んでいる。

　防災の心では、意識、認識、知識、見識の四つが必要になる。意識というのは、命を大切にしようとする気持ち、人を助けようとする気持ち、防災に努めようとする気持ちである。やさしさや勇敢さがここでは求められよう。認識というのは、災害の危険性や社会の脆弱性などを正しく理解する心の働きをいう。ここでは、自然や社会に対する洞察力や探究心が求められる。

　知識は、災害や防災についてのノウハウをいう。理論的知識とともに経験的知識が求められる。最後の見識は、意識や知識を持ち合わせていることが前提となるが、適切な判断や正しい行動をとりうる力を持っていることをいう。防災の心の最終ゴールは、この見識を獲得することにある。

　防災の技能では、察知力、防備力、防護力、救命力、即応力、回避力といった能力を支える技能や技術が必要となる。個々の能力ごとに求められる技能は、紙面の関係で詳しく述べないが、整理整頓を含めた住まいの作法、家具の転倒防止などの予防技法、心肺蘇生法などの救命技術、安否確認や避難誘導などの連携技術など、減災のシナリオに沿った多様な技術の習得が必要となる。

　防災の体制あるいはシステムでは、人や組織のつながりとそれを生み出すパートナーシップが求められる。共助や互助の体制が育まれていることが要件

となる。他でも繰り返し触れているが、減災には人間の足し算が必要で、お互いに力を合わせることが欠かせない。協調力や連携力が問われることになる。

　上記の「心・技・体」という３要素の考察を踏まえて、防災教育の課題内容を最後に整理しておきたい。それは、第１に防災の心や意識を育む、第２に危険を読む力をつける、第３に地域のことをよく知る、第４に防災の知恵や技能を磨く、第５に人のつながりをつくる、第６に減災につながる生活文化を学ぶ、という六つの要点に集約される。

防災教育の方法

　上述の課題に応え内容を具体化する方法についても論じておきたい。防災教育を進めるにあたっては、現場主義、総合主義、集団主義、実証主義の立場に立つことが欠かせない。

　現場主義というのは、生活の現場や災害の現場に密着する形で、減災能力や防災意識の醸成をはかることをいう。ここでは、地域の中に足を運び、体の全身で危険の存在や減災の課題を感じることが求められる。現場から課題を拾い出し、現場に施策を返すことが求められる。予防の段階でも復興の段階でも、被災地に密着すること、被災者に寄り添うことが求められる。

　現場主義による教育では、「防災探検隊」や「フィールドワーク」といった形で地域の中を歩いて、災害につながる危険な場所を確認する、援護が必要な人々の存在を確認する、地域の中にある防災の知恵を確認する、減災に生かせる資源の存在を確認することが求められる。その結果を、防災マップのような地図情報にまとめて、地域を総合的に認識する試みを推奨したい。

　総合主義による教育では、災害の特質である総合性に即し、多様な側面から災害の構造とその対策を理解することが求められる。自然面と社会面、物理面と心理面、理論面と実践面といった形で、多様な角度から幅広い視野を身に着けるようにしなければならない。分野を超えて融合する体系を身につけなければならない。様々な分野や職種が一つになれるフレームを持つ必要がある。

　この総合主義に関わって、断片的な知識や形式的な理解に陥らないようにしなければならない。現場の状況に応じて、総合的に判断し弾力的に行動するこ

とが、求められる、悪しきマニュアル主義になってはならない。釜石の奇跡の釜石東中学の生徒たちは、通学途上の様々な場所で「もしここで大きな地震が来ると何処に逃げるか」という問いかけを相互に発し、避難すべき安全な場所の確かめ合いをして判断力を鍛えたという。総合的かつ実践的な学びがいる。

　集団主義というのは、集団で学びあい集団で高めあう教育方法をいう。防災や減災の取り組みでは、共助やコミュニティワークが欠かせない。助け合う関係、励まし合う関係、教え合う関係が欠かせないからである。それだけに、訓練や教育の段階でも、その関係性を育むことが欠かせない。皆で意見を出し合う、皆で知恵を出し合う、皆で力を出し合うという関係性を、訓練や教育の中に組み込んで欲しい。

　最後の実証主義というのは、体験を積み重ねて習熟をはかること、実践の検証を繰り返して練達をはかることを、求めている。防災教育においても、PDCAサイクルを回さないといけない。阪神・淡路大震災以降、防災教育や人材育成に力を入れてきたが、市民の防災意識が果たして向上したかどうか、家庭での防災実践が進展したかどうか、その達成度を検証しなければならない。その検証無くして、熟達はあり得ない。

　この実証主義では、過去の災害の検証を踏まえた教訓に学ぶことも、欠かせない要件となる。内外の災害事例や復興事例の学習が欠かせない。同じ過ちを繰り返さないように、過去の失敗の経験に学ぶ必要がある。

▌1-4　大学における人材育成

（1）大学の使命と防災人材の育成

　人材の育成は大学の使命である。社会を創造し運営する人材を輩出することが、大学に求められている。高等教育機関としての大学の教育には、第1に人類の英知を踏まえた専門性を有していること、第2に人類の課題に向き合う社会性を有していることが、求められる。専門性では、科学研究の成果を踏まえた教育がなされることが求められ、社会性では、社会が直面する課題に応える人材を輩出することが求められる。

防災や減災には、高度な理論や技能が要求される。人間そのものと向き合うがゆえに、高邁な原理を踏まえなければならず、人間の命を守る使命ゆえに、高度な技術を生かさなければならない。高邁な原理や理論は大学で磨き上げられた知の資産であり、高度な技術や知恵は大学で開発された技の資産である。こうした資産を有する大学だからこそできる、防災教育の展開があるし防災人材の育成がある。

　もっとも、防災教育は大学だけで行われるべきものではない。幼少期から防災教育に努めることが推奨されており、初等教育でも中等教育でも防災教育に力を入れなければならない。心の教育の中の意識に関わる部分は初等教育に負うところが多い。技の教育の中のライフスタイルに関わる部分は中等教育に負うところが多い。

　ただ、高度な専門性や技能性が求められる防災では、専門知識の習得や社会経験の蓄積を踏まえなければアプローチできない課題が少なくない。その高度な課題に向き合うのが、大学の防災教育である。社会人として有するべき基礎的素養の総仕上げを、高等教育機関としての大学で行うことが求められている。専門性や総合性のある大学だからこそ、行うべき防災人材育成の課題がある。

　先に、防災教育では総合主義や集団主義が欠かせないことを強調した。この総合主義あるいは集団主義という視点からも、総合大学としての大学あるいは集団組織としての大学の果たすべき役割は大きい。大学での防災教育では、専門分化を避け学際融合に努めなければならない。福祉や環境あるいは経済が一体となって織りなす、目的学としての融合領域の構築が欠かせない。

(2) 教育セクター間の連携

　私は、小学校から大学さらには大学院までの、縦につながる学校間の教育連携が必要だと考えている。大学の中だけで防災教育のプログラムを考えていては駄目で、人間の成長段階に即しての連続的な教育の展開をはからなければならない。小中連携や高大連携の防災教育の積極的な展開が望まれる。防災のリテラシーとしての心技体を、どの段階でどのように教えるのかのグランドデザ

インがいる。

　小学生と中学生が一緒に訓練や学習を行うことがあってもいいし、大学の講義を高校生に開放することがあってもよい。防災に関わる小学校から高校までの教員が大学で研鑽することがあってもよいし、大学で教える教員が高校や中学で教鞭をとることがあってもよい。防災教育学会などで教員相互が協働して、防災教育のあり方を追求することを求めたい。

　教育セクターの連携ということでは、学校教育、社会教育、家庭教育の３者連携や、公的教育機関と民間研修機関の２者連携も欠かせない。過去の災害史など地域に密着した知見は、地域コミュニティの中で伝承されるべきものである。小学生や中学生が地域の人と一緒になって行う社会の中での教育を、大学や行政が後方から支援する取り組みを推奨したい。

　防災教育では総合主義に加えて現場主義の必要なことを先に述べた。大学では疎かになりがちの、現場密着の知見は大学と地域が一体となることで得ることができる。その意味でも、社会教育との連携を推奨したい。

(3)「四つの人」と大学での人材育成

　防災には、土の人、水の人、陽の人、風の人という四つの人が必要なことを先に述べた。この四つの人を大学と大学院で養成することが期待されている。

　土の人は、地域や組織の構成員をいう。市民一人ひとりの防災リテラシーを高めることがそこでは期待されている。大学における基礎教育や学際教育でそれを伝授することが求められる。私たちの兵庫県立大学では、2011 年から防災教育センター（現・防災教育研究センター）という学部生を対象とする教育機関を設けて、防災の基礎的素養を伝えるようにしている。当初は「防災教育ユニット」として、現在では「副専攻防災リーダー教育プログラム」として、大学の全ての学部から防災に関心を持つ学生が受講可能であり、土曜日に HAT 神戸の人と防災未来センター内のキャンパスで授業を実施し、多くの学部生が被災地でのボランティア活動などにも参加してきた。

　水の人は、地域や市民団体あるいは企業などの中で防災をけん引する人をい

う。先に述べたように、社会の中の要所要所で専門性や指導性を持った人材が求められている。その水の人は、大学の防災専門の研究室や大学院の課程と民間の防災専門家養成の研修機関などで養成されている。民間の例としては、防災士の養成講座などがある。

　私たちの減災復興政策研究科の博士前期課程（マスターコース）で、その地域密着あるいは組織密着型の人材育成をはかっている。博士前期課程の修了生は、企業の危機管理部門、医療福祉関係の部門、防災報道に取り組むメディア、学校などの防災教育部門、災害支援に取り組む NPO・NGO、自主防災組織等で、水の人として活躍している。

　陽の人は、行政などの公的機関の職員をいう。危機管理の専門部署に属する職員だけでなく、行政のすべての職員がその置かれている立場の重みを自覚して、陽の人になろうとしなければならない。国が設置した政策研究大学院大学の防災・危機管理コースなどで、行政職員を対象とした防災人材の育成がはかられている。がしかし、消防職員を対象とした消防大学校などの人材養成のシステムと比較すると、極めて貧弱である。

　私たちの減災復興政策研究科でも、陽の人の育成をはかるべく、行政からの職員派遣を積極的に受け入れている。しかし、自治体からの応募が極めて少ない。防災力の高い自治体からは派遣があるが、防災力が低く防災人材が必要な自治体から、皮肉なことに派遣がない。防災は人であるという原則が、自治体に理解されていない。自治体の一般職員だけでなく国の幹部職員が率先して、その防災力を高めるために私たち大学院の学生になってほしいとさえ思う。

　最後の風の人は、大学などの研究機関や国際的な防災機関で、トップリーダーとして防災をけん引する人をいう。その風の人の養成は、大学院の博士後期課程などで行われる。国立大学の防災部門の研究所等の後期課程で、専門性を持った高度な人材が少なからず育成されている。私たちの減災復興政策研究科でも、風の人としての専門家の育成を行っている。手前みそになるが、現場性や社会性さらには総合性を持ったハートのある風の人が、私たちの研究科でこそ育成できていると自負している。

II

兵庫県立大学での防災教育

2 防災教育研究センターの設立と
兵庫県立大学の防災教育

森永 速男

■2-1 2011 年 4 月の防災教育センター発足と教育開始まで

　2011 年 3 月 11 日 14 時 46 分、東北地方を大きな揺れが襲った。東北地方太平洋沖地震、東日本大震災の発生である。その後、東北地方沿岸部を中心に大きな津波が襲い、多数の犠牲者が出た。2021 年 3 月 1 日時点での死者は15,899 名、行方不明者は 2,526 名、そして震災関連死 3,775 名（警察庁調べ；神戸新聞 2021 年 3 月 10 日朝刊）で、死者の約 9 割は溺死であった。同日の同時刻頃、奇しくも環境人間学部の会議室で、2011 年度の「防災教育センター」発足と「防災教育ユニット」開設に関する作業部会の会議が行われていた。その際、会議参加者全員が被災状況や津波を伝えるテレビ映像に釘付けになっていたと記憶している。

　作業部会の委員長は環境人間学部の井上博司・元教授・評議員、委員として環境人間学部の市川一夫・元教授・学長特別補佐、志賀咲穂・元教授、経営学部の高坂誠・元教授・評議員（現副学長）、オブザーバーとして新免輝男・元理学部教授・副学長と環境人間学部の渡邊敏明・元教授・学部長、そして元理学部准教授の私（森永速男）が加わっていた。兵庫県立大学は神戸・学園都市、明石、姫路・書写、姫路・新在家、そして上郡に学部のキャンパスがあり、歴史も教員気質も異なる大学や学部が統合した「たこ足」の大学である。そのため、外部だけから専任教員を採用して新しい組織を発足し、運営するのは難しいと考えていた。統合までの歴史や各大学・学部の事情について理解でき、「防災」という観点でも教育や研究ができるという条件を備え、加えて新しいセンターに着任するという前提で、地球物理学が専門の私に白羽の矢がたった。当時の清原正義学長や新免副学長とも理学部発足以来、親しくさせていただいていた経緯もこの人事に関係したと思う。

　記憶は定かではないが、2010 年の 7 月頃にこの作業部会が正式に発足して

いる。兵庫県企画県民部管理局大学課からの打診を受けて、新たな防災関連組織を兵庫県立大学内に設置するためにこの作業部会が発足し、防災に関連する教員が招集されたと認識している。つまり、開設そのものはほぼ確定しており、どのような組織や教育の体制が現実的に可能かを議論し、開設へと導く役目がこの作業部会にはあった。正式な発足は7月頃であったが、それ以前に委員が集まり、すでに議論が始まっていた。それを裏付けるように、2010年6月2日付で新たな組織のイメージ図が作成されている。この時には、新たな組織名称は「環境・防災・社会貢献研究・教育機構」となっており、その中に自然環境、防災、社会貢献の3つのコースが構想されていた。これは、先にスタートしていた神戸学院大学の「防災・社会貢献ユニット」を参考に考えられた案で、現在のような副専攻の扱いではなく、主専攻としての位置づけが考えられていた。つまり、学生は各学部に入学後、この機構の各コースに所属しなおして、自然環境・防災・社会貢献などを学び、卒業研究を行い修了するという流れを想定していた。この構想実現のためには、他の学部や研究所からの講義提供および他の大学や機関からの教育支援をお願いできるか、そしてキャンパスや十分な専任教員を確保できるのかなどの大きな課題があった。

　これらの課題、特に学部と同様に卒業までの教育を行うとする主専攻の開設には一定数の教員確保（定員増）が必要となる。教員の大幅な定員増について

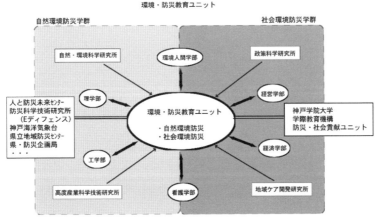

図2-1　6月30日付で改訂された「環境・防災教育ユニット」のイメージ

簡単には解決できないとの判断から、直後の6月30日には組織名称が「環境・防災教育ユニット」に、また先の3コースが自然環境防災と社会環境防災の2つのコースに変更されている（図2-1）。このユニット（案）では、当初考えた主専攻の教育を行うのではなく、副専攻的な扱いの教育形態をとることになっていた。また、当初から兵庫県立大学のすべての学生に少なくとも1つの防災関連科目を受講させたいという考えが、当時の議論の中にあった。

この組織イメージと以下に示す「環境・防災教育ユニット」の設立趣旨、教

環境・防災教育に係るワーキンググループ設置について

1．趣旨
　兵庫県は近年、阪神・淡路大震災や但馬・佐用の大水害などを経験し、それら災害を乗り越え、県土の復興を成し遂げてきたことから、防災に関する情報や対応策のノウハウが蓄積されている。このような防災に関する知識、対応などを、次世代および他地域に伝える使命があり、兵庫県立大学において、環境と防災への優れた知と行動力を持つ社会人育成を目指した環境・防災教育を推進することが必要である。

2．防災教育に係るワーキンググループの構成（案）
　　　（省略）

3．防災教育の授業科目（案）
　「地球気象と災害」*、「気象学・気象予報」、「地球物理（地球環境?）と自然災害」*
　「地震・津波災害と防災」、「風水害・土砂災害と防災」
　「兵庫の防災」*、「防災の経済学とリスクマネジメント」
　「防災情報・防災地理情報」、「生活と防災」*、「災害報道と防災」
　「危機管理と災害復旧・復興」、「防災と地域社会」*、「防災街づくり」
　「防災フィールドワーク」　など
・23年度は、東西（書写、学園）キャンパスにおいて、各5科目を課題別教養科目（防災）として開講する（*の科目）。
・24年度以降にユニット化を行い、専門科目を開講する。

4．教育の特徴
・自然科学と社会科学の文理融合教育
・体験を重視した実践的教育
・資格取得に配慮したキャリア教育
・大学、行政、研究機関の連携による全県キャンパス教育

5．人事公募分野（案）
公募1　気象学、災害危機管理、災害復旧・復興
公募2　生活防災、防災情報、都市防災

育の特徴などの原案を明示し、私以外に専任教員2名を確保するという方針で作業部会が先に挙げた委員構成で発足した（2010年7月12日作成の文書による）。

　阪神・淡路大震災以降、兵庫県は災害対応やその後の復興に向けて多くの取り組みを行い、多くの経験と知見を有していた。それらを県民に還元して災害に強い兵庫県を作るために「防災」を大学教育に取り込むことになったと聞いている。先に述べたように、「防災教育」については神戸学院大学に先を越されたが、後発組としてこれに負けない、より良い教育組織と充実した教育内容を揃えるため多くの議論が交わされた結果の当初案であった。この案では、理系から文系まで幅広い内容が学べるカリキュラムが想定されており、当初から自然科学と社会科学の文理融合の教育を模索している様子が窺える。

　また、当初の目論見であった、全学の学生が最低1科目受講できるよう、東西（現在の神戸商科、姫路工学）の両方のキャンパスにおいて、5科目（*の科目）を基礎教育科目（全学共通教育科目）として初年度から開講することとしていた。この点については、一方から他方のキャンパスに遠隔システムを活用して講義を提供するとの意見もあったが、私を中心とする一部委員の意見として「防災教育の重要性を鑑みたとき、対面で行うべきである」があり、同じ内容の講義を両方のキャンパスで行うことになった。この方式は当時の兵庫県立大学としては画期的なことで、東の神戸商科大学と西の姫路工業大学が兵庫県立大学として統合した後も両キャンパスで「同じ教員による同じ内容の講義（共通教育）が対面で行われることがない」という「たこ足大学」の負の側面を補う重要な取り組みの提案であった。

　2年生以上対象の専門教育科目の具体的な内容については、この段階ではまだ試案の段階であった。それら専門教育科目設定のため、2010年10月に当時の在学生対象にアンケート調査を行い、どのような科目を受講したいかを回答してもらった。その結果を参考に、2011年1月17日付で作成された、第5回作業部会での資料「カリキュラム（たたき台）」が図2-2である。この頃には、「環境・防災教育ユニット」という名称から「環境」がなくなり、最近まで使

防災教育ユニット　カリキュラム（素案）

区分 科目	コア	授業科目（案）	担当教員	H23年度開講 東地区（神戸学園都市）	H23 西地区（姫路書写）	H23 人防センター（HAT神戸）	H24年度以降開講 東地区（神戸学園都市）	H24 西地区（姫路書写）	H24 人防センター（HAT神戸）	備　考		
共通教育科目	●	地球の営みと災害	専任	○	○		○				1	
	●	地震・津波災害と防災	専任	○	○		○				1	
	●	兵庫の災害と防災	県職員		◎				◎	（夏期集中）オムニバス形式 全県キャンパス構想		5
	○	災害支援・ボランティア	環境人	○			○				1	
		災害現場と防災	専任			○			○	土曜集中（ワーキング）		
専門教育科目	●	実践防災講座 I	県職員						☆	（夏期集中）平日型	2	
	●	実践防災講座 II	県職員						☆	（夏期集中）平日型	3	
	●	防災と地域社会	専任				○			（共通教育とする場合あり）	2	
	●	風水害・土砂災害と防災	専任				○				2	
	○	都市災害と防災	専任					○			2	
	○	地球気象と災害（気象学・気象予報）	海洋気象台						◎	土曜開講（気象予報士）		
		自然災害史と人間社会	専任				○					
	●	防災フィールドワーク I	専任						☆	土曜集中（少人数）	3	#
	■	防災フィールドワーク II	専任						☆	土曜集中（少人数）	4	
	○	災害復旧・復興と危機管理	人防セ							（前期・東→後期・西）	2	
	○	防災情報・防災地理情報	人防セ							（前期・東→後期・西）	3	
	○	建築・住宅防災（シミュレーション）	学内							（前期・東→後期・西）	3	
	○	災害報道と防災	人防セ				□	→◇		（遠隔授業）	3	
	○	防災医療・看護	非常勤（学内）							（前期・西→後期・東）	3	
		防災救命救助	非常勤						◎	土曜開講（市民救命士）	4	
		防災リスクマネジメント	経営				□	→◇		（遠隔授業）	3	
	○	防災教育	人防セ				○			（前期・西→後期・東）	3	
		防災行政	21世紀非常勤						◎	土曜開講（公務員向け）	3	
		国土整備と防災	非常勤						◎	（土曜集中）オムニバス形式 全県キャンパス構想	3	
				3	4	1	14	14	10			

◎は全学部対象講義　　　※土曜集中は、1日3コマ、5日間で集中して履修する講義
☆はユニット（定員制）対象講義
□→◇は遠隔授業
※定員制については、国際ボランティアを視野に英語のコミュニケーション能力を高めるため、英語授業を併用する。

図2-2　2011年1月17日時点でのカリキュラム案

用された「防災教育ユニット」というかなり絞られた名称に変わってきている。また、かなり具体的に、科目、担当者、開講場所やスタイルまでが考えられている。

　また、基礎教育科目だけでなく、多くの専門教育科目も東西の両キャンパスで開講するという、かなりタイトで現実的でない開講スタイルが考えられていたことがわかる。さらに、この頃には、東西両キャンパスの学生が交流できる

ようにとのねらいで、一部の専門教育科目をHAT神戸「人と防災未来センター」内に設置予定であった防災教育センターで行うことも検討され始めている。現在、副専攻として「防災リーダー教育プログラム（かつての防災教育ユニット）」の他、「地域創生人材」と「グローバルリーダー」の二つの教育プログラムがあるが、これら副専攻の実施は今まで交流する機会のなかった東西両キャンパスの学生が交流でき、一体感を感じることのできる重要な場を提供している。このように、防災教育ユニットで始めようとしていた教育スタイルには重要な役割があった。このスタイルと科目の東西両キャンパスでの提供は10年を経た現在にも息づいている重要な、防災教育研究センターの基本姿勢である。

　このカリキュラム中に挙げられた全24科目の提供について、専任教員3名が担当するだけでなく、環境人間学部や経営学部の教員、人と防災未来センターの研究員や県職員などに担当していただくことが想定されている。私以外の専任教員はまだ決まっておらず、どの科目を誰が担当するか未確定の部分が多くなっている。初年度（2011年度）に開講する科目はこの段階では5科目と少なくなっているのも新規採用予定の専任教員2名が未だ決定していないためであった。

　外部から募集する専任教員2名についての人事は2010年9月頃には開始され、11月末頃〆切で50名の方々からの応募があった。12月末には書類選考に残った10名弱の応募者の面接を作業部会が行い、その結果2011年4月採用の教員として決まったのが現職の浦川豪准教授であった。もう1名も採用予定であったが、最終的には適任者不在となり、10月採用ということで4月以降に再度募集することになった。その結果、2011年4月に新免輝男防災教育センター長（兼総合教育センター長）、井上博司センター長補佐、河田惠昭特任教授（人と防災未来センター長）、私（森永、当時准教授）と浦川准教授の専任教員2名の態勢で防災教育がスタートし、防災教育センターが同年8月に人と防災未来センター東館4階に開設された。その開設時に作成された2011年度入学生向けのパンフレット（全4ページ）の1、2ページを以下に挙げる。

防災教育（防災教育ユニット）の開講について

兵庫県立大学では、阪神・淡路大震災からの復旧・復興など兵庫県が培ってきたノウハウ
等を発展的に継承し、防災マインドを持ち地域・社会に貢献できる有用な人材を育成する
ため、今年度から、全学部生を対象に防災教育を開講します。

■　防災教育ユニットとは？

　　防災教育ユニットとは、災害発生のしくみや、災害復興支援、防災等に関する科目から構成される科
　目群です。授業科目の形態は、キャンパス等での講義や、キャンパスの外に出て調査等を行うフィール
　ドワーク、実践活動を伴う実践講座や少人数で調査・研究・討議を行うゼミなどがあります。これらの
　科目の受講を通じて、災害、防災への知識を深めるとともに、皆さんが社会に出たときに遭遇するさま
　ざまな危機に対応できるような人材を育成します。

■　受講できるのは？

　　兵庫県立大学の全学部生です。文科系、理科系など専攻は問いません。

■　どのようなカリキュラムなの？

・　皆さんの所属されている学部のカリキュラムとは別に開講します。
・　1年生から、4年生までの間に防災教育ユニットの科目を受講していただきます。
・　専攻は、2種類を設定します。所定の単位を取得していただくと、修了証書を授与します。
・　履修する科目数の多寡により、一般専攻、特別専攻の2つのコースがあります。

　※　専攻については、裏面を参照してください。

■　どこで開講されるの？

　　「人と防災未来センター」内に今年度開設する本学の「防災教育拠点」（仮称）のほか、
　　「神戸学園都市キャンパス」と「姫路書写キャンパス」でも開講します。

　※　「防災教育拠点」での開講は、皆さんの通われるキャンパスから離れていますので、ここでは、土曜日や夏季休業
　　　期間中に開講します。

> 「兵庫県立大学防災教育拠点」（仮称）とは
> 　HAT神戸（神戸東部新都心）にある「人と防災未来センター」東館4階に開設します。
> 「人と防災未来センター」は、兵庫県の防災関係の研究・交流・教育の拠点と位置づけられており、震災復興関係の
> 展示や研究を行っているほか、関係の国際機関等も入居しています。また、関係資料の収集も集積されています。
> 本学の使用フロアには、他大学のサテライト研究室も入る予定で、防災教育を受けるのに適した環境にあります。
> ・施設構成：防災教育担当教員（3人）の研究室、大・中教室、ゼミ室、交流室
> ・住　所　：神戸市中央区脇浜海岸通1-5-2
> ・アクセス：阪神電車「岩屋」駅、「春日野道」駅から徒歩10分、JR「灘」駅から徒歩12分、阪急電車「王子公園」駅西口から徒歩
> 　　　　　約20分、バス：三宮駅前から神戸市バス約20分　等
>
> 《写真：人と防災未来センター》
>
>

図2-3　発足当初の2011年度入学生向けに作成された募集パンフレット（1ページ目）

■ どんな科目が受講できるの？

★ 今年度は、防災教育ユニットの基礎的な科目として6科目を開講します。

これらの科目は、全学共通科目に位置づけますので、卒業所要単位にカウントされます。

○ 地球の営みと災害　　○ 自然災害史と人間社会　　○ 生活と防災　　○ 災害支援とボランティア
○ 兵庫の災害と防災　　○ 災害現場と防災
※ 詳細は、次ページをご覧下さい。
※ これらの6科目は、防災ユニットの基礎科目であるとともに、全学共通科目にも位置づけています。

★ 来年度以降は、防災教育ユニットの専門科目を開講します。（下表のとおり）

この専門科目は、各学部のカリキュラムと独立して開講しますので、基本的には、卒業所要単位にカウントされません。ただし、科目によっては、学部の卒業所要単位に算入される科目もありますので、学部の規程等でご確認ください。

※ 2年次進級前(10～12月頃を予定)にユニットの専攻を希望する学生を募集し、決定します。

【防災教育ユニット科目】（専門教育科目は予定です。6月頃までに決定し、お知らせします。）

区　分	共通・専門の別	授業科目の名称 ※ 防災教育拠点開講科目	開講年次	単位数	備　考
災害発生のしくみ	共通(基礎)教育科目	地球の営みと災害	1～4	2(注1)	全学共通科目
		自然災害史と人間社会	1～4	2(注1)	全学共通科目
	専門教育科目	気象変動と気象学　　　　　　※	2～4	2	
		地震・津波災害と防災　　　　※	2～4	2(注2)	
		風水害・土砂災害と防災　　　※	2～4	2(注2)	
防災・減災	共通(基礎)教育科目	生活と防災	1～4	2(注1)	全学共通科目
	専門教育科目	都市災害とまちづくり	2～4	2(注2)	
		環境と防災	2～4	2(注2)	
		防災予測・予報シミュレーション	3～4	2	
		防災情報・防災地理情報　　　※	3～4	2(注2)	
		災害リスクマネジメント	3～4	2	
支援・救助・ボランティア	共通(基礎)教育科目	災害支援とボランティア	1～4	2	全学共通科目
	専門教育科目	防災NPO・NGO論　　　　※	2～4	2	
		災害看護ケア	3～4	2	
		防災の国際協力　　　　　　　※	3～4	2	
兵庫の災害と防災	共通(基礎)教育科目	兵庫の災害と防災	1～4	2(注1)	全学共通科目
	専門教育科目	阪神・淡路大震災からの復興　※	2～4	2	
実践講座・フィールドワーク	共通(基礎)教育科目	災害現場と防災	1～4	2	全学共通科目
	専門教育科目	防災実践講座Ⅰ	2～3	2(注2)	
		防災実践講座Ⅱ　　　　　　　※	3～4	2(注2)	特別専攻のみ受講可能
		防災フィールドワーク　　　　※	2～3	2(注3)	特別専攻のみ受講可能
		ゼミナールⅠ　　　　　　　　※	3	2(注3)	特別専攻のみ受講可能
		ゼミナールⅡ　　　　　　　　※	4	2(注3)	特別専攻のみ受講可能

(注1) 特別専攻及び一般専攻の選択必修科目　(注2) 特別専攻の選択必修科目　(注3) 特別専攻の必修科目

《防災教育ユニットの専攻と修了認定要件》

（現時点での予定です。6月頃までに決定し、お知らせします。）

区　分	内　容	定　員　等	必要単位数	備　考
特別専攻	ゼミ、フィールドワークなどの実践活動を通じ、本格的に学ぶコースです。	1学年 30人 ※ 希望者が定員を超えた場合、選抜を行うことがあります。	24単位以上	フィールドワーク及びゼミⅠⅡは必修 選択必修科目8単位以上
一般専攻	防災・減災の基礎的な知識や行動力を習得するコースです。	なし。	10単位以上	選択必修科目4単位以上

※ 登録が必要です。(下記を参照ください。)　専攻に登録しなくても、上記科目の受講は可能です。(防災実践講座Ⅱ、防災フィールドワーク、ゼミナールⅠⅡは特別専攻のみ受講可能です。)

■ 防災教育ユニットを受講するにはどうすればよいの？

・ 10月頃に皆さんの通っているキャンパスの学務課を通じて履修の登録をしていただきます。

・ 現在、来年度以降のカリキュラムを検討中で、決まり次第、登録方法についても、ご案内しますので、もうしばらくお待ちください。

※ 今年度、全学共通科目として開講している上記6科目については、防災教育ユニットの登録の希望に関係なく誰でも受講できます。4月に他の科目と同様に通常の履修登録をしてください。

図2-4　発足当初の2011年度入学生向けに作成された募集パンフレット（2ページ目）

このパンフレットにあるように、「災害前（災害発生のしくみ）」、「災害時（支援・救助・ボランティア）」、そして「災害後（防災減災）」といった区分に、それぞれに必要な学びを提供できる科目を整理・配置している。この区分は、文理融合教育と同じくユニット開設にあたってしっかり議論したことであった。これに基づいて、2011年度開講の防災教育ユニット基礎教育科目（全学共通科目）6科目のうち、4科目（「地球の営みと災害－筆者担当」、「自然災害史と人間社会－筆者担当」、「生活と防災－浦川准教授担当」、「災害支援とボランティア－西地区担当：木村玲央環境人間学部准教授［当時］、東地区担当：小林郁雄特任教授」）を東西両キャンパスで、残り2科目（兵庫の災害と防災、災害現場と防災－以上、筆者と浦川准教授担当）を夏季集中講義として防災教育センターで開講した。

■2-2　防災教育センター開設以降10年の歩み

（1）防災教育ユニットの専門教育科目

　2011年度入学生向けのパンフレット（図2-4）には、「専門教育科目は予定です。(その詳細を)6月頃までに決定し、お知らせします。」との但し書きが載っている。このように、2012年度から始まる専門教育科目については確定しておらず見切り発車の状態であった。最終的に確定したのが2011年の9月頃であり、図2-5のような科目表が作成されている。このカリキュラムはその後数年に亘って使用されたが、2015年度に研究部門を追加し「防災教育研究センター」になった際や2017年度に大学院減災復興政策研究科が開設された際などで教員が増員されるのに伴って少しずつ変更され今に至っている。

　2011年10月には、もう1名の専任教員である馬場美智子准教授［当時］が赴任し、3名の態勢が整った。3名の専任教員が基礎教育科目と専門教育科目をそれぞれ担当することになったが、内容的に外部講師を必要とする科目については各専任教員がコーディネートする形で準備をし、2012年度からの専門教育が始まった。

【防災教育ユニット科目】

区　　分	共通・専門の別	授業科目の名称 ※ 防災教育センター開講科目	開講 年次	単位数	備　　考
災害発生のしくみ	共通(基礎)教育科目	地球の営みと災害	1〜4	2	全学共通教育科目
		自然災害史と人間社会	1〜4	2	全学共通教育科目
	【専門区分A】	気象変動と気象学　※	3〜4	2	
	専門教育科目	地震・津波災害と防災	2〜4	2	
		風水害・土砂災害と防災　※	3〜4	2	
防災・減災	共通(基礎)教育科目	生活と防災	1〜4	2	全学共通教育科目
	【専門区分B】	都市災害とまちづくり　※	2〜4	2	
		環境と防災	2〜4	2	
	専門教育科目	防災情報・防災地理情報	3〜4	2	
		災害リスクマネジメント	3〜4	2	
災害対応・支援	共通(基礎)教育科目	兵庫の災害と防災	1〜4	2	全学共通教育科目
		災害支援とボランティア	1〜4	2	全学共通教育科目
	【専門区分C】	災害と人と健康　※	2〜4	2	
	専門教育科目	防災の国際協力とNPO・NGO論　※	3〜4	2	
		防災実践講座	2〜4	2	
フィールドワーク ゼミナール	共通(基礎)教育科目	災害現場と防災　※	1〜4	2	全学共通教育科目
	【専門区分D】	防災フィールドワーク　※	3〜4	2(注1)	特別専攻のみ受講可能
	専門教育科目	ゼミナールⅠ　※	3〜4	2(注1)	特別専攻のみ受講可能
		ゼミナールⅡ　※	3〜4	2(注1)	特別専攻のみ受講可能

(注1)　特別専攻の必修科目

図2-5　2012年度から始まった専門教育科目を加えた防災教育ユニットの全科目

（2）教育科目提供以外の取り組みと防災教育センターの改革

　東日本大震災の発災と防災教育ユニットの開講の時期が近かったため、もう一つのセンターの役割として考えていた「学生による被災地ボランティア活動」も喫緊のテーマとなり、その実施によって慌ただしく１年目が過ぎた。なお、このボランティア活動については別項で詳しく述べる。そのような中、2012年２月22日には、防災教育センターとして2012年度からの［中期計画］を提出することとなり、以下の４点が重要な計画として挙げられている。

①　防災教育センターの設立理念である防災マインド（防災・減災に関する優れた知識と行動する心）を持ち、地域社会に貢献できる有用な人材を育成するため、防災教育を推進する。

②　兵庫県内外の大学や防災関連機関等の連携拠点としての機能を充実させ、防災・減災の教育や研究を連携して実施する。

③　防災教育や研究活動で得られた知識や実体験を共有するため、防災・減災に関する広報、セミナーやシンポジウム等を実施する。

④　ボランティアなどの社会貢献に必要な「人間力（コミュニケーション能力や現場力）」を育成するため、ボランティア活動を推進する。

　これらの目標計画を達成するために、毎年1回の「公開シンポジウム（第1回目は2012年1月28日開催で、その後対象や名称を変えながらほぼ毎年開催）」の開催、東日本大震災以降に発災した大きな災害の被災地での学生ボランティア活動や近隣の防災関連機関等との連携を進めてきたが、それらに加えて取り組まなければならない新たな課題が大学本部や兵庫県から提案されていた。

　その一つ目が、近隣の防災関連機関との連携を目指した「ひょうご防災プラットフォーム構想」であった。これは、兵庫県からの提案を受けて2011年度から進められようとしていた構想で、「HAT神戸には阪神・淡路大震災の経験や教訓を研究・保存・発信する防災関係の多彩な機関が多数集積しており、有機的な連携により［国際防災・人道支援協議会］の活動を行っている。こうしたリソースを活用し、大学、関係機関、行政等が、それぞれの特性を生かした連携・協働を行う拠点として［ひょうご防災プラットフォーム］を構築することにより、高度で効率的・効果的な共同研究や実践活動、高等教育を推進する。」という趣旨を有していた。この推進の中核を担うべき働きが防災教育センターに与えられ、人と防災未来センター東館内のセンターと同じフロアに他機関の研究者が使用できる居室が用意された。しかし、このプラットフォーム主催で公開セミナーなどを数回実施していたが、2、3年の活動の末、結局頓挫してしまった。

　次に検討課題となったのが防災教育センターを核とし、人と防災未来センターと連携して研究と教育の機能を強化した兵庫県立大学附置研究所の開設についてであった。この検討は、2013年度当初から始まり、紆余曲折を経て同年8月頃に図2-6のような最終的な構想ができあがっている。附置研究所研究員として人と防災未来センターの研究員を加えて研究部門を強化することとそのうちの4名には学生教育にも関わっていただくことを考えていた。学生教育に関しては、この人と防災未来センター研究員4名、センターの専任教員3

名と新たに採用する2名の教員の体制で、防災教育ユニットを発展させた新学部新学科地域防災・減災コースやその学部に接続する大学院の開設が構想されていた。また、大学院に関しては、別案として平成28（2016）年度開設の独立大学院も候補に挙げられている。これは新学部構想が認められない場合でも、できるだけ早く防災・減災の教育・研究の高等教育機関を開設したいとの兵庫県や大学本部の強い意向があったためと記憶している。

　しかし、この附置研究所の平成27（2015）年開設の構想は、連携予定の人と防災未来センターの理解を得られず、また外部の有識者からも兵庫県立大学単独での開設を良しとする意見があり、実現しなかった。また、当時の清原学長主導で検討されていた平成28（2016）年度以降開設の新学部・学科内のコース、そしてそれに接続する新大学院の構想もその後徐々にトーンダウンし、いつの間にか消えていった。ただし、防災教育センターの研究部門を強化することに関しては順調に進み、2名の新規専任教員を採用し、名称も防災教育研究センターに変わった。その際に赴任してきた青田良介准教授［当時］と宮本匠講師［当時］を加えた5名の専任教員、また新たに室﨑益輝センター長、齋藤富雄特任教授と小林郁雄特任教授を迎えて、2015年度に防災教育研究センターが発足した。

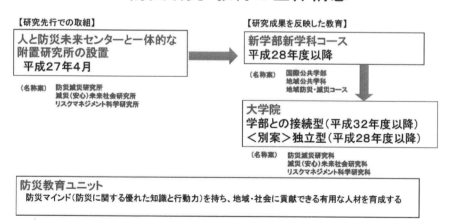

図2-6　附置研究所、新学部、そして大学院の構想

以上の専任教員の増員と室﨑センター長の招聘は独立型の新大学院の開設に向けた第一歩で、これらの人事は新大学院の設置が現実味を帯びてきたことを意味していた。その結果、2017 年度に独立大学院である減災復興政策研究科が設置されることになったが、その前年度には開設準備のため紅谷昇平准教授が赴任している。また、この大学院発足の際には、さらに冨永良喜教授、加藤惠正教授、阪本真由美准教授［当時］、そして澤田雅浩准教授が赴任し、現在の教員体制が完成した。

(3) 防災教育ユニット（現在、防災リーダー教育プログラム）の専攻生の推移
　開設当初からしばらくの間は、ユニットには本格的に防災について学ぶ［特別専攻］（後の副専攻「防災リーダー教育プロクラム」）と基礎的な知識と技能を学ぶ［一般専攻］の 2 種類があった。その後、ユニットから 2017 年度の副専攻への移行に伴って［一般専攻］を廃止し、現在、副専攻生の定員は 30 名、必要単位数については［特別専攻］の場合と同じの 24 単位（12 科目）となっている。それぞれの専攻への登録者数と修了者数（予定も含む）を図2-7 に示す。
　特別専攻生(副専攻生)については、定員30名(一時、50名としたことがある)に対して 2017 年度入学生を除いて充足したことがない。また、一般専攻生については、2011 年の東日本大震災以降、当初多かった登録者数が減少し続け

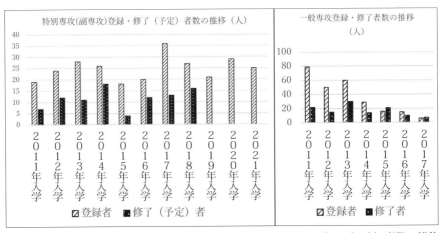

図2-7　防災教育ユニット特別専攻（副専攻）と一般専攻の登録・修了（予定）者数の推移

た。なお、一般専攻で登録者数より修了者数の方が多くなっているのは、特別専攻生でありながら、その修了要件は満たせなかったが、一般専攻の修了要件を満たした学生がいるからである。これまでの登録者の推移から、おそらく今後も副専攻生の定員を充足しない状況が続くと予想される。しかし、副専攻生の必須科目である「防災ゼミナールI・II」と「防災フィールドワーク」の教育効果的な運営を考えると、これまでの30名弱の受講者数が適当と考えている。これらの科目では、担当教員やフィールドワーク先関係者の方々と学生が密接に関わりながらきめ細やかな対応をしてきており、結果的に、その深い関わりが学生の学びに対する満足度や関わった体験の達成感につながっているからである。

　2020年度までで、修了（予定）者／登録者との総数は、特別専攻（副専攻）で90/248名、一般専攻で119/255名となっており、8年間で200名強の学生が防災に関することを深く、もしくは浅く学んでくれたことになる。より深く学んだ特別専攻（副専攻）に所属していた学生の中には、行政職員、消防士、自衛隊員といった災害や防災・減災に関わる職に就いた修了生や看護学部卒業生の中には看護師や保健師だけでなく養護教員となり、防災教育に関わっている修了生がいる。こういったことから、防災教育ユニット（現在の防災リーダー教育プログラム）での学びが卒業後の進路に少なからず影響をもたらしたことがわかる。このことについては、別項で示す、「学生の声（修了生とボランティア活動経験者から寄せられたアンケートの結果）」で詳しく紹介する。

3 防災の学びと実践へのいざない

　本章では、防災教育研究センターの教員から、担当している授業や研究内容のダイジェストを、防災を学ぼうとする学生向けに書かれた 13 本のコラムで紹介する。なお、コラムは、少しでも親しみを持って読んでもらえるように、「です」「ます」調の文体としている。

　災害や防災は日常生活からかけ離れたものと思われがちであるが、災害や防災について学び、実践することの意義や楽しさ、被災者・被災地の抱える問題点や支援の大切さなどについて、これらのコラムを読んで少しでも身近に感じていただきたい。そして、より多くの方が防災に関心を持ち、様々な活動に参加するきっかけになることを願っている。

コラム１：防災教育の中で自然現象（災害）のメカニズムを学ぶことは重要？（森永速男）

コラム２：災害で命を落とすリスクはどのくらい大きいのか？　　　　　　（紅谷昇平）

コラム３：地域の知恵や工夫をどのように防災に活かすのか　　　　　　　（澤田雅浩）

コラム４：災害時、避難はなぜ進まないのか？　　　　　　　　　　　　　（阪本真由美）

コラム５：災害時の避難所運営の理想と現実　　　　　　　　　　　　　　（阪本真由美）

コラム６：男女共同参画と防災－災害時、女性が抱える問題を考える－　　（紅谷昇平）

コラム７：未来のボランティア　　　　　　　　　　　　　　　　　　　　（宮本匠）

コラム８：復興の空気の研究　　　　　　　　　　　　　　　　　　　　　（宮本匠）

コラム９：復興で地域は何を目指すべきか　　　　　　　　　　　　　　　（澤田雅浩）

コラム10：阪神・淡路大震災からの復興―新長田駅南地区再開発事業から―（加藤恵正）

コラム11：希望と再生―巨大災害に備える―　　　　　　　　　　　　　　（加藤恵正）

コラム12：防災教育と心のケアはセットで展開を　　　　　　　　　　　　（冨永良喜）

コラム13：全学年で「心の健康授業」の制度化を　　　　　　　　　　　　（冨永良喜）

コラム1：防災教育の中で自然現象（災害）のメカニズムを学ぶことは重要？ （森永速男）

　私（森永）は、もともと地球物理学が専門でしたが、発足の折に兵庫県立大学の生命理学研究科から防災教育センターに移り、防災の教育や研究を始めることになりました。だから、今でも防災・減災の専門家と名乗ることは、はばかられます。しかし、防災教育の中心課題の一つである「災害に備える」という観点から、防災教育では災害（自然現象）のメカニズムを学ぶことが重要だと考えています。なぜならば、災害を起こす相手の素性を知らずして「何をどう備えるの？」と考えるからです。また、災害という負の側面の自然現象（地球の営み）だけでなく、正の側面である自然（地球）からの「恩恵」についても同時に学んで欲しいのです。なぜなら、私たちは災害があっても災害大国日本に住み続けています。その理由が「災害以上の恩恵を自然からもらっている」からだと考えるからです。

　という屁理屈（？）を「地球物理から防災の世界に転職した自分の（このセンターでの）存在意義」と考え、少し居心地の悪さを感じながらも、これまで防災の世界で生きてきました。学部や大学院での講義は、地球の営み（自然現象）のメカニズム、それを明らかにしてきた先人たちの研究、そして自然現象からの恩恵と時に荒れ狂う自然がもたらす災害、に焦点を当てて構成されています。もちろん、私は私の講義を興味深く、おもしろい講義だと思っています。この思いは独りよがりかも知れませんが、時に好意的な講義の感想をいただくことがあり、そういった時には「自分の思いは間違っていなかった」と胸をなで下ろしているのです。ここでは、私がちょっとうるうるしながら感動した感想文を、本人の許可を得て紹介します。これは、大学院減災復興政策研究科博士前期課程の第4期生である山口まどかさんが、私の講義「自然災害史論」の受講後、提出してくれたものです。私が講義に込めた地球の営みを学ぶ大切さ、楽しさなどの思いを、ぜひ感じ取ってください。

■「地球科学をはじめて学んだ素人の話」　山口まどか

　地球科学らしきものに関心を持ったのは子どもの頃、太陽や月や星に対する興味からだった。はじめは、絵や写真の多い星空の本を読み、ある程度成長してからは少し難しいことが書いてあるような宇宙の本も読んだ。国立科学博物館にはじめて行ったときは、地球館の地下3階（素粒子について、宇宙のはじまり、太陽系の成り立ちなどの階）がとても気に入り、結局その日は地下3階だけで終わってしまった。このように、宇宙全体にはそれなりに興味はあったものの、地球そのものに関しては、「宇宙から見たら青かったらしい」というぐらいしか認識がなかった。あの日、国立科学博物館で上階まで行っていたらもう少し興味を持てたのかもしれないが、結局、私は「地球」のことをほとんど知らずに今まで生きてきた。そして今回、ほんの少しではあるが、地球科学を学んだ。宇宙の起源、地球の誕生、地球の磁場、プレートテクトニクス、地震、火山、気候変動、すべて自分の生命に大いに関係し、直接的または間接的に経験してきたことのはずなのに、これまであまり知ろうとしてこなかったことが不思議で、また、知る機会がなかったのも残念なことである。学校教育の理科の授業では、太陽系の位置関係や、地球の気象、地層や鉱石の種類を多少学ぶが、地球の「営み」という視点から学ぶことはあまりなかった。学校の星空観測会では、土星の環や月の表面を見て宇宙を身近に感じたものだが、より身近なはずの「地球」となると、学校で習った地球の姿は「静止画」であって「生き物」ではなかったように思う。しかし実際には、地球の営みはとても生々しく魅力的である。海嶺から地面が出てくる、海溝に地面が沈み込む、マグマがあふれる、地震が起きる、インドがユーラシア大陸にぶつかる、プレートの向きが変わる、そんな中で磁場が逆転したり、気温が上がったり下がったり、生物が進化したり絶滅したりする。これは過去の話ではなく、今も続いている現在進行中の事象である。地球は生きている。

　地球科学は、現在進行中の事象とはいえ、目に見えないものや、手の届かないもの、過ぎ去ったもの、滅んだものを、想像力から仮説を立て実証する謎解きのような学問である。もちろん、仮説と実証はどの研究分野においても常套

手段だが、地球科学の分野では、仮説を立てるときの想像力も実証の方法も抜きん出てダイナミックだと感じる。磁場が記録されている石からプレートの動いた向きを測定する、隕石の組成から地球の年齢を計算する、二酸化炭素から地球の気温変化を推定する、Ｓ波が伝わらないことからマントルが液体であることを推定するなど、すべて驚くような方法であるし、今では当たり前のように思われているが、そもそも地球球体説も、地動説も、ダイナミックな気づきと想像からである。他人から聞けばなるほどと思うが、考え出せと言われると私では到底何も思いつかない。想像力やひらめき、論理的思考に加え、物理や化学の知識も必要で、素人にとってはハードルが高い学問である。ただ、私たちの生命に関わることであり、素人にとっても必要な学問であることは間違いない。

　そこで、素人としてこの分野との付き合い方を考えてみた。まず、私たち一般人の持つ地球科学への関心は、科学的関心より美的関心が大きい。日食を見ること、オーロラを見ること、流星群を見ることは、多くの人にとって時間やお金をかける価値があるとみなされている。流れ星に願い事をするのは、美的感覚に加え哲学的要素もあるかもしれない。また、ポセイドンの神話のように、地球科学の現象につながる神話や星座の話は世界中にあり、占星術のようなものはいつの時代も人気がある。このように私たち人類は、科学的感覚とは別に、この分野には太古の昔から現在まで大いに興味を持ってきた。しかし、地球に生き、自然災害や環境問題と付き合っていくうえでは、美的感覚や哲学的要素と少なくとも同等には、科学的感覚も必要である。美的感覚、つまりイメージ的な認識だけが大きいと、地球の姿を見誤ることになる。その昔、私の「津波」のイメージは「富岳三十六景神奈川沖浪裏」であり、頭まで水をかぶっても、何かにつかまってやり過ごせば大丈夫だと思っていた。津波が、海底に亀裂が入り、海底が数メートル、数十メートルといったレベルで水平や垂直に動くことで海が持ち上がる、という知識がなかったために、間違った想像をしていたのである。もちろん、科学的感覚と美的感覚は相反するものではなく、大切なのはバランスである。オーロラの科学的な理屈を知ることは、オーロラの美し

さを損なうものではないし、流星群が彗星の塵だと知ることも、流星群の美し
さを損なうものではない。むしろ知ることでより魅力が増すという人も多いの
ではないだろうか。詳しく知らずとも関心を持つこと、美的感覚と科学的感覚
を両立させることが素人としての地球科学への向き合い方であり、そのうえで、
自然災害や環境問題とも付き合っていくことができる。

　ここで、ひとつ深刻な例として、地球科学に触れたことのない人を紹介する。
中南米にあるエルサルバドルという国で働いていたとき、危機管理課の同僚か
ら聞かれたことがある。「日本は神様を信じていない国（キリスト教ではない国）
なんだってね。だから津波が来たんだよね？」。私と同い年のその人は、学齢
期には内戦で学校へ行っておらず、読み書きもあまりできない。もちろんこの
発言に悪気はないが、私は少し腹を立て悔しい気持ちにもなった。彼に対して
「いやいや、津波ってのは、神様の罰ではなくて、地球のプレートがね・・・」
という説明をして分かってもらうことは難しい。彼が神様を見たことがないの
と同じように、私もプレートが動くところをこの目で見たわけではないし、彼
が周りの大人から言われたことを信じているように、私は学校や本で学んだこ
とを信じているだけなのだ。この類の問題は白黒つけられないものだが、世界
には、自分の力の及ばないものに対してすべて「神様」で片づけてしまう人が
たくさんいる。そして、それは一概に間違いだとは言えない。ただ、間違いだ
と言えないとはいえ、やはり私はそのことに対してバランスが悪いと言いたい。
美的感覚も宗教的感覚も結構だが、科学的認識とのバランスが悪ければ、地球
の一員として自然災害や環境問題には正しく向き合うことは難しい。当時私は
うまく話ができなかったが、できれば、いつか彼やその子どもたちに、楽しい
話で地球科学に興味を持つ機会があればよいと思うし、地球のプレートが動き
地震や津波を引き起こすというアイデアにも目を向けてほしい（最悪、プレー
トが動くのは神様の仕業だというところまでは、私は譲ってもよい）。また私
にも、これから専門家から話を聞く機会と同じぐらいに、素人同士でそんな話
ができる機会があればよいと思う。

　ここまで、美的（哲学的、宗教的）感覚に偏ることなく、科学的感覚とのバ

ランスを取りたいという流れで書いた。そのバランスを取る中で、ひとつ非科学的な私見ではあるが、美的感覚を重要視したいと感じることがある。インカ、マヤ、アステカなどの古代文明の中には現代の科学でまだ解明されていないものが多くある。そういったものはたいてい機能美を含む「美しさ」を兼ね備えている。おそらく当時の人間は、磁場などを含め今の私たちが感じとることのできない何かを利用していた、もしくはその何かを地球現象や生物・動物から知る方法を持っていたはずで、古代文明の「美しさ」は地球や宇宙の姿に起因するものであると考える。現在、私たちにその感覚は無いが、今後の地球の姿を考えるときに、科学的には解決できず、もしくは科学的知識が足りずに迷ったとき、最終的には人間が本能で感じる「美しさ」という判断基準が必要なのではないかと感じている。今、政治的に悪者のように扱われている二酸化炭素や原子力も、もともと地球に存在するものであり、それ自体は何も悪いものではない。環境汚染や原発事故の写真を見て「美しくない」と感じたら、それは人間の失敗であり、その人間の所業は未来の地球に残すべきものではないと判断できる。政治や経済といった、地球上では新参である分野が幅を利かせ、多くの人間が「美しい」という感覚まで失いつつあるのではないかと危惧している。

　地球科学は、人類が誕生するよりもはるか昔からの太陽系の姿や、地球のあゆみや、地球の営みなど、見たことのないものを証明できる学問であり、地球の未来を予測することが可能な学問である。そういった意味で、地球科学は地球を守ることができる学問だと考える。研究者の方々には、地球を守るために研究と発信を進めてほしい。私は地球科学をはじめて学んだ素人として、科学的感覚と知識を大切にしながら、「美しい地球」という感覚は失わずに、地球と付き合っていきたい。

コラム2：災害で命を落とすリスクはどのくらい大きいのか？（紅谷昇平）

■リスクとは何か？

　5年後、あるいは10年後、皆さんはどのような人生をおくっているでしょうか。大成功しているかも、あるいは残念ながら災害に遭っているかもしれません。未来には、様々な素晴らしい可能性があれば、良くない可能性もあります。ISO31000というリスクマネジメントの国際規格があるのですが、そこで「リスク」とは、未来に起こる良い可能性と悪い可能性の両方を意味しています。これは、リスクとチャンスは表裏一体であり、何かを得ようとすれば、何かを失う覚悟も必要だということです。ことわざで言えば、「虎穴に入らずんば虎児を得ず」といったところでしょうか。しかし、一般的には、悪いことが起こる可能性だけを「リスク」と呼ぶ場合が多いでしょう。

　では、どのように未来のリスクの大きさを知るのでしょうか。例えば、ある人が何歳で結婚するか、あるいは何歳で死亡するか、これは分かりません。ただし、日本人全体で考えると、結婚や死亡の平均年齢は統計データから知ることができます。個人ではなく、多数の人数をまとめて考えていくと、将来の不確実性を、ある程度確率的に把握できるようになります。これを「大数の法則」と呼びます。リスクは、このような確率（期待値）で表現されます。

■事故や災害のリスクを比較する

　では、日本における主な事故や災害のリスクがどの位の大きさなのか見ていきます。ここでは仮に、リスクを「1年あたりの死亡者数」としましょう。「ある災害の発生頻度」と「その災害が起こった場合の被害の大きさ（犠牲者数）」をかけることで、1年当たりの犠牲者数が計算できます。ここでは2020年の日本での様々な原因別の死者数を表1に整理してみました。

　日本においては、自殺者数が年間2万人を超えており、他の原因を大きく上回っています。自殺の原因は、健康問題、経済・生活問題、家庭問題が上位ですが、これら以外も含めた様々な要因が複合していると考えられています。

次いで、交通事故や火災、水難（海や川の事故）の死者数が多くなっています。

では、自然災害による犠牲者数はどうでしょうか。この2020年の128名という数字だけをみると少ないように感じられますが、大規模な自然災害は、毎

表1　日本の原因別年間死者数の比較（2020年）

自殺	21,081名
交通事故	2,839名
火災	1,326名
水難※	722名
殺人	288名
山岳遭難※	278名
自然災害※	128名

（出所：警察白書、警察庁資料、消防庁資料より作成）
※行方不明者数を含む。

年、同じように発生しているわけではありません。例えば、西日本豪雨や大阪北部地震など大きな災害が続いた2018年の自然災害による犠牲者数は376名です。阪神・淡路大震災（犠牲者数6,434名）や東日本大震災（犠牲者数18,425名、2021年3月警察庁発表）のように、一つの災害で数千人、数万人が犠牲になる場合もあります。

　滅多に発生しない大地震や大津波は、ある年の犠牲者数だけ見ても、その怖さが分かりません。また、大災害は発生頻度が正確に分からないため、複数年の死者数の平均をとっても、それがリスクとして正しいとは言えません。この「リスクが正確に分からない」こと自体が、大規模な自然災害の大きな特徴なのです。大規模災害のように未来の被害を評価しにくいものを「不確実性」と呼び、確率（期待値）として把握しやすい「リスク」と区別する考え方もあります。

■災害の「怖さ」を考える

　表1で分かるように、自然災害で死亡する確率は、他の事故や災害に比べて、必ずしも高いとは言えません。ではなぜ、私たちは自然災害に対して怖さを感じるのでしょうか。それには幾つかの理由が考えられます。

　一つは、大きな自然災害について、多くの人は経験がなく、分からないことが多いからです。アメリカの経営学者であるスロビックは、リスク認知とは大

きく二つの因子で決定されると提唱しました。一つは、その災害がどのような被害をもたらすかという「恐ろしさ」で、もう一つはその災害について分かっているかどうかという「未知性」です。例えば、観察できないもの、感じられないもの、遅れて影響が出るもの、新しいもの、科学的によく分かっていないもの、こういうものは「未知」なので、実際の科学的な影響以上に人はリスクとして感じる傾向があるというのです[1]。多くの人にとって経験のない大規模な自然災害や原発災害、新型感染症などは、未知性が大きく、火事や交通事故のように「気を付けていれば避けられる日常的な危機」よりも、リスクとして強く感じることになります。

　二つ目は、自然災害で死亡するリスクは、全ての人に等しいのではなく、弱さ（脆弱性 Vulnerability と呼びます）を抱えた人や地域を集中的に襲うからです。川や斜面から離れた高台に住む人にとっては、大雨が引き起こす洪水や土砂災害は、さほど怖いものではないかもしれませんが、川や急斜面の側に住む人にとって、河川氾濫や崖崩れのリスクは非常に高くなります。阪神・淡路大震災では、古い住宅に住んでいた年齢層が多くなくなりました。一般に災害での犠牲者の半数以上が高齢者であることも、よく知られています。このように災害に弱い条件を備えた人々や地域にとっては、災害はより身近で大きなリスクなのです。

　三つ目は、自然災害の恐ろしさには、命を失うことだけではなく、生存した被災者にとって長く厳しい復興に向けた道のりがあるからです。交通事故や病気などは、一つの地域で集中的に発生する訳ではなく、周囲からの支援も可能です。ところが自然災害は、ある地域社会やコミュニティを集中的に破壊してしまいます。その結果、近隣での助け合いが十分に機能しなくなるうえ、慣れ親しんだ生活環境も大きく変化してしまいます。住宅や仕事を失った被災者が、元の生活に戻るための苦労は、並大抵のものではありません。

■リスクを正しく知り、正しく恐れる
　「災害は、忘れた頃にやってくる」という言葉で有名な、明治生まれの物理

学者・寺田寅彦は「物事を正しく怖がるのは難しい」という意味の言葉も残しています。この「正しく怖がる」ために必要なのが、リスクを正しく理解し、正しい対策を行うということなのです。

　リスク対策の難しさとして、リスク対策自体が、新たなリスクになることがあります。2020年1月から日本でも感染が拡大した新型コロナウイルス感染症の例で言うと、感染症予防のため経済活動を止めると、それによる失業で自殺が増えました。あるリスクへの対策を考えるには、そのリスクに直接関係する専門家だけでなく、対策が関係する分野（経済学や心理学、社会学など）の専門家も交えて、「リスク対策のリスク」についても考える必要があります。防災の専門家は、どうしても耐震改修や避難など自然災害を中心とした対策を主張しがちですが、その対策が新しい生活のリスクを生み出していないか顧みる姿勢も大切です。

　未来に何が起こるのかは、誰にも分かりません。だからこそ人生は楽しさと不安があります。リスクマネジメントとは、見えない未来に向けて歩き出すための手がかりを与えてくれる知恵であり、方法だと言えるでしょう。

参考文献
1　中谷内一也「リスクのモノサシ」日本放送協会, 2006

コラム3：地域の知恵や工夫をどのように防災に活かすのか（澤田雅浩）

■自主防災活動をめぐる状況

　自然災害からの被害を防ぐための対策は政府の中央防災会議が定める防災基本計画を軸に、指定行政機関や指定公共機関が定める防災業務計画、そして県や市町村が定める地域防災計画に基づいて進められてきました。阪神・淡路大震災において、それまで災害対応のほぼすべてを行政に頼っていたことが不十分な直後対応につながったという教訓、一方で地域住民相互の助け合いやコミュニティによる各種対応、そして地元に立地する商店や企業等が被災直後からさまざまな場面で機敏に支援活動を進めてきた経験などを踏まえ、行政等公共機関がすべての災害対応、防災対策を担うのではなく、自助・共助・公助の連携が必要であるとされてきました。その一環として、共助の代表的な活動組織として位置づけられた、自主防災組織の組織率を全国的に向上させる取り組みが進められてきました。その結果、全国における自主防災組織の組織率は格段に向上しました（図1）。自治体では、自治会などに働きかけて自主防災組織の結成を促すだけでなく、地域防災リーダー養成講座の実施などを進めてその活動を支援してきました。また、民間資格ではありますが、防災士制度が設

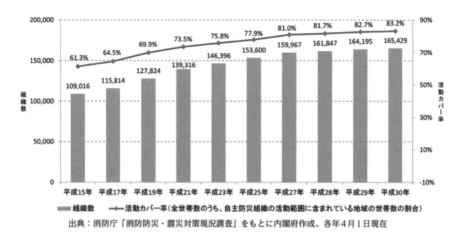

図1　自主防災組織の推移（出典：令和元年度防災白書）

けられ、講座を受講し試験に合格した防災士が全国で続々と誕生しているなど、共助の体制をより強化しようとする取り組みは実を結びつつあるように見えます。

　一方、共助の仕組みとして、長く地域で役割を担ってきた組織である、消防団・水防団の存在も忘れてはいけません。特に日本においては地震火災や市街地大火など、建物火災の発生とその延焼によって大規模な被害が生じることも多く、初期消火を含めた初動対応を地域密着の組織が担うことで被害の拡大を防ぐという役割を果たしてきました。その重要性は、消防団員が準公務員として遇され、業務に対する対価も支払われていることからもうかがえます。さらに消防、水防に関する役割を担うだけでなく、地域の様々な行事の支援活動を行ったり、地域の防災力向上のための取り組みを進めたり、大規模災害発生時には常備消防の支援や避難所等での活動に従事するなど、多方面での活動も展開しており、地域防災の場面ではまさにマルチタレント的な存在ともいえるでしょう。しかしながら近年では、団員確保が大きな課題となっています。従来、地域での災害発生時に迅速に対応するために、地域密着で生業を営むような若手住民が消防団員として活動していましたが、現在ではサラリーマンで平日昼間は地域外で勤務をしているような団員や、女性団員を受け入れたり、学生消防団などの結成をすすめることによって必要とされる員数を確保している状況となっています。その点から見れば、特に都市部において、共助としての消防団への期待値は小さくなりつつあり、それを補う形で、どちらかというと仕事を退職後の人々も多く関わる自主防災組織の結成とその活躍が期待されています。

■地区防災計画制度の設立

　とはいえ、自主防災組織に関しては、組織設立そのものが目的化されてしまったきらいがあり、災害時に本当に機能するのかどうかが不安定な状況にあります。たとえ結成後も積極的に活動を行っている地域や自主防災組織があったとしても、そこには一つ課題があります。それは行政が進める防災対策にお

ける位置づけです。たとえば、地域内で自分たちが設定した避難場所を地域住民主体で運営することを想定して、HUG（避難所運営ゲーム）なども実施しながら計画づくりを進めたとしても、あくまで地域防災計画では公共施設を中心として指定された避難所のみが位置づけられています。この計画に位置づけられた避難所への備蓄や職員の配備は行われますが、地域独自で決めたルールとの接点はありませんでした。風水害や津波災害等の場合、たとえば指定避難所が川を挟んだ対岸にあるような地域であれば、緊急時、橋をわたって避難するというのは、机上の計画では可能であっても現実を考えるとなかなか難しく、そのような避難行動を伴わなくても近隣の建物等に避難するような行動を選択するという地区がでてくるのは当然ですし、むしろ地域の状況を良くふまえた防災・減災対策であるともいえるでしょう。しかしそれはあくまで自主的な避難行動であって、避難所としての指定をされない限り、災害用備蓄物資の確保や、災害時の情報共有などでは不利益を被る可能性もあるのです。それが地区防災計画制度の施行によって、市町村の防災会議が地域の意向に配慮して地域コミュニティの防災行動計画を地域防災計画に位置づけたり、地区居住者等が、地区防災計画の素案を作成して、市町村防災会議に対して提案を行い（計画提案）、その提案を受けて市町村防災会議が、市町村地域防災計画に地区防災計画を定めたりする場合の二通りの方法によってきちんと位置付けられることになりました。

　この動きを受けて、内閣府では地区防災計画の策定にとりくんでいる地区を対象に、市町村が申請主体となった地区防災計画モデル事業を2014年度より進めていますし、施行からかなりの時間も経ち、各地で様々な取り組みが進められるようになりました。モデル事業の初年度には全国から15地区が選定されましたが、その顔ぶれは多様であり、将来的にも大きな災害が想定されておらず、これまでにも災害があまり発生していない地区や、東日本大震災で大きな被害を受け、その被害の発生状況を改めてきちんと整理することから今後の防災を考えていこうとする地区、大規模なニュータウンにおいて、定年退職後の住民が積極的に働きかけながら防災計画を策定しようとする地区、そして今

後の巨大災害の発生が懸念されている地区など、地域の実情に応じた実践的かつ防災減災の役割をしっかり果たしうる計画が策定されました。さらには、企業と地域の協働による災害時の対応を定めた地区、県境を越えて連担する二つの地区が連携して災害対応に取り組もうとする地区など、行政ではできない、できにくい取り組みを実現させたケースもでています。取り組む主体の多様性がみられるほか、地区設定の柔軟性、そして取り組む事象（災害種別にとどまらず、どのような対応をするのかも含めて）の多様性がみられます。地区防災計画が、行政がやる対策、ではなく、地域や地域住民がやる対策を規定するものであるがこそ、地域特性がうまく反映され、やりやすいこと、やりたいことがきちんと織り込まれた自分たちの計画が作られる可能性が高いことがわかってきました。

■地区防災計画の罠

　災害対策基本法の改正によって生まれた地区防災計画は、きっかけとしても重要な意味を持つことも明らかとなりつつあります。地域で考えたことが実際の防災対策に反映されるというのは、地域住民の視点をうまく取り込むということにもつながり、市町村では解決できないような問題が、地区を突破口にして解決できる可能性も見えてきました。まさに自主防災の活動成果を反映する受け皿としての役割です。これからの発展が楽しみです。ただ、一つだけ懸念があります。阪神・淡路大震災以降、自主防災組織の結成が全国的に進められましたが、政策評価目標として、組織率の向上、つまり結成率の数字が評価そのものとなりました。その結果、自主防災組織の組織率自体は飛躍的に向上したものの、形だけの自主防災組織が多く生み出されることになりました。穴埋め問題のような業務分担表や連絡網が町内会・自治会に対して行政から提示され、それを地域住民の名前や施設名で埋めることで自主防災組織の結成、とみなすような事例があちこちでみられることになりました。内実を伴わず形だけ組織されている状態は、実は自然災害発生時の混乱の要因にもなり、かえって防災・減災力を低下させることにもつながりかねません。組織が存在している

ということで、地域住民はかつて防災対策が行政頼みであったように、何かあれば助けてくれる存在として自主防災組織への過度な期待をすることも考えられ、まったく機能しない自主防災組織であったら結果として被害を拡大させる恐れすらあるのです。

　これから、地区防災計画が使い物になる、という評価が与えられたとしたら、それを受けて市町村が主体となって全地区で地区防災計画をつくろうとするかもしれません。また、それを国が政策として推進し、その策定率を政策評価指標に用いた場合、自主防災組織の組織率向上をめざしたときと同じような状況に陥ることになるかもしれません。地区防災計画はあくまでツールであり、目標でないことを理解して施策展開をすることが大切な視点となりますが、だからといって地区防災計画の可能性、発展性を矮小化しないことも大切です。地域で暮らす人々にとって、実際に役に立つ取り組みを計画として整理することができることは素晴らしいことです。地区の防災力を結成率や計画策定率といったようなわかりやすい数値ではなく、総合的に評価できるようなものさしをきちんと作っていくことがこれからの防災・減災の取り組みをすすめる上では必要となってくるのかもしれません。そのためにも、地域でネックとなっているような状況を排除し、有効な防災・減災力を獲得していくために創造力を持った行政サイドの支援もまた重要となってくるのです。

コラム4：災害時、避難はなぜ進まないのか？　　　　　（阪本真由美）

■避難情報だけでは避難しない

　豪雨による土砂災害や浸水被害が発生する可能性がある場合、気象庁は「警報」、「注意報」を、また市町村は「避難指示」を発表し、危険な場所にいる住民に立ち退き避難を促します。近年、情報をわかりやすくするための取り組みが進められており、2019年には大雨による危険が迫った時に取るべき行動を分かりやすくするために情報を数字でレベル化した「大雨警戒レベル」が定められ、2021年5月の災害対策基本法の改正では「避難勧告」と「避難指示（緊急）」が「避難指示」に一本化されました。防災気象情報は、雲、降雨、水位等の自然現象を観測し、被害の発生をシミュレーション等により予測し提供される科学技術に基づく情報です。情報の精度は高く、災害の発生に先駆けて情報が出せるようになっています。ところが、これらの情報が出されても避難しない人が多数います。なぜ、情報を受けても避難しない人がいるのでしょうか。そもそも避難情報と避難にはどのような相関があるのでしょうか。そのような疑問を明らかにするために、避難行動をめぐる心理変化に着目して避難行動を詳細に調査しました。

■E-Act Curve による避難行動分析

　避難に関する先行研究は多数ある一方で、避難に至るまでの人の心理変化に着目した研究はほとんどみられません。そこで、着目したのが、復興をめぐる人の心理変化を分析した「復興曲線」を用いた研究手法です（宮本, 2008, 2018）。復興曲線は、座標軸のY軸を被災者の復興に関する気持ちの変化、X軸を災害からの時間経過とし、災害発生前をゼロ（0）として、発災からの時間の経過とともに本人の気持ちの変化を曲線で示す調査手法です。しかしながら、復興曲線は、発災を起点として長期的な心理変化を把握するものであるのに対し、避難では雨が降り始めてから避難までの短い時間スケールを考える必要があります。

そこで、X軸を時間とし、Y軸を避難に向けた気持ちの変化として、「避難のきっかけ」となる要素（避難トリガー）を認知した瞬間を原点 (0) とし、避難行動をとった段階を 100 とする、避難をめぐる気持ちの変化を時間の経過とともにたどる「避難行動曲線（E-Act Curve, Evacuation Act Curve）」を描いてもらうという手法を考えました。曲線は、調査対象者へのヒアリングをしながら調査員が描き、描かれた曲線を調査対象者に確認してもらいました。

E-Act Curve を用いて、平成 30 年 7 月豪雨により被害を受けた岡山県倉敷市真備町で避難行動に関するヒアリング調査を行いました。その結果、避難行動には大きく以下の三つのタイプがみられることがわかりました

一つめのタイプは、時間の経過とともに「ジワジワ」と避難する意識を高めたタイプです。例えば、60 歳代の男性 A さんの場合（図 1）、ヒアリングをすると「昼過ぎに畑で作業をしていたら石が転がる音がした」「16 時すぎに家に戻る。石がカッチン、カッチンと転がる音がした」「自主防災組織の委員をしていることから、近隣の住民に避難してくださいと声をかけた」「23 時ごろ。

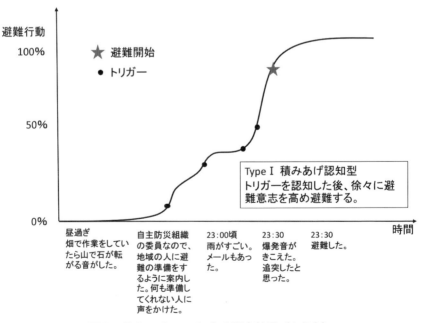

図 1　E-Act Curveによる調査結果（Aさん）

雨がすごい。メールもあった」「避難しようとして地域の人が準備をするのを30分ほど待った」「23時30分爆発音がした。追突したかと思った」「23時30分に避難した」と話していました。この人の場合、「石が転がる音を聞いた」ことが最初のトリガーであり、その後、周囲の状況の変化を捉えながら避難に向けての気持ちをジワジワと高めていました。Aさんのようにジワジワと意識を高めたタイプには、防災に関する知識を持っている人が多くみられました。

　二つ目のタイプは、何らかのきっかけで急速に避難する意識を高めた人です。例えば70歳代の男性Bさんは、爆発音で目を覚まし、その後、様々な情報を確認していました。市長の放送を聞いたことや、堤防が切れたという情報で急速に避難の意識が高まっていました。調査では、急速に避難する意識を高めたタイプが最も多くみられました。なお、避難の意識を高めたトリガーとしては、テレビ等での情報確認や、周囲の人からの情報でした。

　三つ目のタイプは、避難しようとする意識が全くなかった人です。例えば、80歳代の女性Cさんの場合、「20時頃には寝ていた。2階まで水が来るとは思わなかったので寝ていた」「寝ていて爆発音も聞いていない」「いきなり水が押し寄せてきて、ベッドごと浮いて目が覚めた」「あわてて2階の押し入れの上に避難して天袋にこもっていた」との回答でした。このように、避難の情報や周辺の環境変化を全く認識していない、もしくは、認識していても避難しようという気にならずに被害にあった人も複数いました。

　以上に述べた調査結果からは、以下の二点の気づきが得られました。

　第一に、避難に関する情報を受けた後に、直ちに避難した人はほとんどいない点です。多くの人は、避難を開始する前に知人・家族に電話で、あるいはインターネットで避難すべきか否かの情報を確認していました。このように警報に接した後に追加的に情報検索を行うのは、情報を得ることにより自らの行動を再定義し、状況に適応するためです（Wood, et al., 2017）。被害が発生するかどうかわからない不確実な状況においては、どのような行動をとれば良いのかの迷いがあり、人の行動を確認したうえで自分の行動を判断しようとする傾向がみられます。

第二に、避難トリガーには、避難情報以外にも、周囲の人の声がけ、川・雨の様子、浸水状況、堤防が決壊したというような非日常的な周辺環境の変化が挙げられました。これらの周辺環境の変化もローカルな避難判断の基準として活用できる仕組みがあると有効です。

■避難情報に対する理解を深める

以上に述べた E-Act Curve による調査から、避難情報は、住民が避難しようという気持ちを高めるトリガーの一つではあるものの、決定的なトリガーではないことがわかりました。つまり、避難情報を出すだけでは、やはり人は逃げません。とはいえ三つのタイプのうちの一つ目の「ジワジワ型」には比較的防災意識が高い人がおり、被害にあうことなく避難していました。そのような人を増やしていく必要性があります。

情報を受けた後に即時に避難しない人がいるのは、避難情報は将来をみて発表されるものの、それがどのような状況で出されるのかに対する理解が十分ではないことによります。それが、情報を受けた後に、情報確認行動に向かわせる要因でもあります。そのため、避難するには、避難情報が身近な環境変化とどのようにかかわるのかということへの理解を深め、自分自身の避難のタイミングを一人ひとりが判断できるようにするための施策が求められます。

参考文献
1　宮本匠：復興感を可視化する , 復興デザイン研究 7, pp.6-7, 2008.
2　宮本匠：県外避難者の復興曲線から考えること , 災害復興研究第 9 号 ,pp.73-79, 2018.
3　Wood, M., et al.: Milling and Public Warnings, Environment and Behavior, May 2017. https://doi.org/10.1177/ 0013916517709561

コラム5：災害時の避難所運営の理想と現実 　　（阪本真由美）

■災害時の避難所をめぐる課題

　災害が発生するたびに、避難所の問題がテレビや新聞等の報道で取り上げられます。避難所が混雑して避難者が施設内に入れない、避難所で食料や物資が不足している、避難所の住環境がよくないというような問題が指摘されます。なぜ、避難所の生活環境はなかなか改善されないのでしょうか。

　災害により自宅が被害を受ける可能性がある、あるいは、自宅が被害を受け生活することが難しいと、私たちは避難所に行かざるを得ません。市町村は、災害に備え避難所として利用する施設を指定してはいます。指定されている施設の多くは、学校の体育館や公民館などの公共施設です。確かに、体育館には大勢の人が入ることはできますが、もともと避難のために建てられた施設ではありません。空間は広いけれども、床は板張りで硬く、空調設備はなく、冬は寒く夏は暑く、トイレの数も少ないという課題があります。そのような場所に災害時には多くの人が寝泊まりするわけですから、当然、生活環境は良くありません。また、被害が大きな災害ほど避難者数が多くなるため、避難所は混雑し、物資も不足して、生活環境は一層悪くなります。

　災害時の避難所運営がうまく行えるよう、行政（国・都道府県・市町村）は「避難所運営マニュアル」を策定しています。ところが、いざ災害が起こり避難所にいくと、避難所運営マニュアルはほとんど活用されていません。避難所運営に携わっている人に避難所運営マニュアルを見せると「知らない」「見たことがない」と言われます。また、「避難所運営のポイントが書かれているので活用してください」とマニュアルを渡しても、あまり関心が示されません。避難所運営のポイントを書いてあるはずのマニュアルですが、なぜ活用されないのでしょうか。事前にマニュアルが周知されていないためなのでしょうか。それとも、マニュアル自体に問題があるためなのでしょうか。

■避難所運営マニュアルは役に立つのか

　そのような疑問を感じて、平成30年7月豪雨で実際に避難所対応にかかわった地域の人とともに、避難所運営マニュアルが避難所運営に有効なのか、どこを改定する必要があるのかを検討しました。すると、以下のような意見がだされました。

　第一に、避難所運営マニュアルは、地域の人の協力を得ようとする意識が薄い、という点です。マニュアルの「はじめに」には、被災者自らが避難所を運営することの重要性が書かれています。ところが、本編の最初のページには、避難所運営で気をつけることとして、太字で「被災者はお客様ではありません」と書かれています。地域の人の協力を得るには、「あなたは、お客様ではありません。だから避難所運営をして下さい」という指示モードではなく、「避難所の運営には皆様の協力が必要です」という依頼モードの表現の方が良いのでは、という意見が出されました。

　第二に、避難所運営マニュアルには、避難所開設の手順が記載されていますが、災害発生直後は混乱していて、示されている手順通りに対応できない、という点です。平成30年7月豪雨時、避難所には市の職員2名が派遣され、受付を設置し避難者名簿をつくり対応していました。ところが、避難者数は深夜にかけて一挙に増え、最終的には約2,000名に上りました。雨が降り続くなかで、受付のために屋外に人を待たせるわけにもいかず、受付名簿の作成は途中で中断されました。当初は、学校の体育館を避難所として使うことになっていましたが、体育館の受入想定数は180名であり、体育館内に人が入り切らず、体育館周りや渡り廊下にダンボールを敷き横になっている人もいました。そのため、町の役員が教育委員会に連絡し、深夜2時頃に教室を開放してもらい教室内で過ごせるようにしました。避難所では、物資、マット、毛布が不足していたことから、公民館分館から学校に運びました。これらの対応については、マニュアルには記載されておらず、とはいえマニュアルに記載すべき事項なのかもわからない、との意見が出されました。

　第三に、マニュアルには、避難している人が役割を分担して運営することの

重要性が記載されています。ところが、被災した人が役割分担して運営にあたることは、肉体的にも精神的にも厳しいケースもあります。というのも，自宅が浸水被害を受けた人は、炎天下のなかで、毎日自宅の泥だしや片付け作業に追われていました。疲れ切って避難所に戻った人に、体育館全体の掃除、トイレ掃除等をお願いすることは申し訳なくてできなかった、との意見でした。

　以上に述べたように、避難所運営マニュアルを、避難所の実態と照らし合わせて検討した結果、被災後の混乱した状況において、マニュアル通りに運営することは難しいことがわかりました。

■避難所運営の質の改善に向けて

　それでは、避難所の運営はどのようにすれば良くなるのでしょうか。避難所運営において求められることは、避難している人の生活の質が良くなるように、一定のルールをつくり、皆で協力して生活環境を改善していくことです。私は、東日本大震災、熊本地震、九州北部豪雨、西日本豪雨などの災害において避難所運営をみてきましたが、いずれの災害においても、比較的規模が小さな避難所では、避難者を中心に運営が行われており、物資も行き届き、生活環境も良い状況でした。逆に、1,000名以上の人が避難している大規模な避難所ほど厳しい生活環境でした。これは当然のことで、1,000名以上の人に食事や物資を提供する、一人ひとりの要望に耳を傾け対応することは容易ではありません。

　そのような、大きな避難所であっても避難所運営のプロが支援に入っているところは運営が改善されていきます。ここでいう避難所運営のプロとは、災害対応の経験が豊富な行政職員、地域の人、災害支援のNPO等です。避難所運営のプロによる運営の秘訣がどこにあるのか考えると、問題が生じた時にさりげなく対応するためのコツを知っている点があげられます。例えば、避難所の床一面に、避難者のシートや物が置かれ足の踏み場や通路が確保されていないことがあります。避難所の空間配置が良くないと、不思議なことにそこで暮らす人の関係もギスギスしてきます。とはいえ、空間配置を見直すには、避難している全ての人の同意と協力が必要です。このような時に、避難所運営のプロ

は、「みなさんの健康改善のために」と一斉清掃のタイミングを設け、それに併せて通路確保、空間調整を避難している人には気づかれぬようさりげなく行っています。

このような事例からは、避難所運営を改善するには、マニュアルを策定するだけでは十分ではなく、1,000名以上の人を収容するような広すぎる施設を使わないことや、避難所で起こる問題解決のコツを身につけることが重要だといえます。マニュアルを災害発生後にも有効なマニュアルとするためには、避難所運営の理想像を記載するだけでなく、避難所運営で困った時に活用できる問題解決方策を紹介する、運営改善のポイントを掲載する必要があります。

また、避難所運営のスキルを持つ、プロの育成も重要です。政府は、2021年5月に「防災・減災、国土強靭化新時代のための提言」[1]を発表しました。その提言の一つが、避難生活支援のための専門人材の育成です。個々の避難所運営を統括する「避難生活支援リーダー」、複数の避難所の環境改善のアドバイスを行う「避難生活支援アドバイザー」、避難所運営に携わる専門職間の調整を行う「避難生活支援コーディネーター」というように、個々の避難所運営のみらず、現場の状況に合わせて行政・専門団体・地域と連携しながら問題を解決するスキルを持つ人材の育成が計画されています。避難所運営のプロを育成することは、避難所生活の質の改善に結びつくものと期待されます。

参考文献

1　内閣府「防災・減災、国土強靭化新時代のための提言　防災教育・周知啓発ワーキンググループ災害ボランティアチーム提言」, 2021.
http://www.bousai.go.jp/kaigirep/teigen/pdf/teigen_07.pdf

コラム6：男女共同参画と防災―災害時、女性が抱える問題を考える―
（紅谷昇平）

■日本は男女平等なのか？

　大学生の皆さんの多くは、あと何年か経つと就職し、社会で働くことになるでしょう。今では、性別で就職を差別してはいけないというのは当たり前になっていますが、40年程前は、男性向けの職種（総合職等）と女性向けの職種（一般職等）が分かれており、女性は総合職に応募すらできないという時代がありました。これではいけないと、1985年に男女雇用機会均等法が制定され、企業に対して採用や昇進、職種の変更などで男女差別が禁止され、妊娠や出産を理由とした退職の強要や不当な配置換えも禁止されました。

　さらに、1999年には男女共同参画社会基本法が施行され、男性も女性も社会の対等な構成員であり、自らの意思で社会のあらゆる分野の活動に参画する機会が確保されるべきと定められました。「男女共同参画」は英語では"gender equality"と言いますが、「ジェンダー（gender）」とは、「生物学的な性別（sex）」に対して、「社会的・文化的につくられる性別」を指します。別の言葉で言えば、「男性だから、女性だから」という理由で、社会や文化の中で規定される「こうあるべき」、あるいは「望ましい」姿や役割分担のことです。このジェンダーの平等性というのが、英語の"gender equality"ですが、日本語の「男女共同参画」という用語では少しニュアンスが違って聞こえます。

　このように制度的には男女の差別・格差の解消に取り組まれてきましたが、日本では、まだ男女の格差が大きく残っています。世界経済フォーラムの「男女格差報告」というレポート（2012年）では、世界135カ国中、日本の男女格差は少ない方から数えて101番目と、かなり下の方です。このレポートでは、「働きたくても働けない女性がいる」、「介護が必要な親の世話は主に女性がする」、「一人目の子供の出産をきっかけに6割の女性が仕事を辞めている」、「子育て後再び仕事を始めようとしても非正規雇用しか働き口がない」、「女性の管理職は全体の1割にすぎない」など、日本の様々な格差が例示されています。

■災害時、女性は通常よりもさらに厳しい状況に

　平時から男女格差の大きいのが日本社会です。災害時には、物理的な被害やライフラインの途絶、社会機能の停止などの環境の変化によって、女性は男性よりもいっそう厳しい状況に置かれます。

　その原因の一つ目は、「生物学的な性差」によるものです。災害では、女性の死亡率が高いと言われますが、これは女性の方が筋力など身体能力が弱く、壊れた建物の下敷きになった場合には不利であることや、女性の方が長寿であるため高齢者の犠牲者に占める女性の割合が高いことが原因と考えられます。また妊娠や生理など女性ならではの現象も、災害時には大きなハンディとなり、特別の配慮が必要となります。代表的な災害時の女性の問題に避難所環境があり、東日本大震災での調査[1]によれば、避難所で更衣室が男女に分かれていたのは22％、男女別の洗濯の物干しや授乳室があったのは、どちらも4％だけでした。

　原因の二つ目は、「ジェンダーの差別」によるものです。女性だから、男性だからといって、本人の意に沿わない役割を押しつけないことが大切であり、女性がきちんと発言、意思決定ができる仕組みが求められます。例えば、避難所での炊き出しは女性の仕事とされがちで、その負担が非常に大きくなることが問題となりました。また、災害後は、学校や幼稚園、保育園が休校・休園した場合、家庭で子供の面倒を見たり、高齢者の介護をするのは女性の役割とされがちです。避難所やコミュニティ、自治体などのリーダー、運営側として女性が参画し、女性の立場から災害対応をチェックすることが必要です。

　原因の三つ目は、「男性による暴力」によるものです。災害後、混乱した状況にある避難所などで、男性が弱い立場の女性や子供に対して暴力をふるう例が報告されています。数として多いのはDV（ドメスティック・バイオレンス）で、実際に暴力を振るうだけではなくて、義援金などを妻に渡さない経済的暴力なども含まれます。また、弱い立場やお金を必要とする女性に対して、助けてあげるようなふりをして性行為を要求するなど対価型の暴力も報告されています。

■災害前から知っておくことの大切さ

　災害時の女性の問題は、普段から女性が弱い立場に置かれている日本社会の状況が背景にあります。まず日常のコミュニティ活動において、女性の意見を十分に聞き取ったり、女性が様々な意思決定に関与していくことが求められます。また災害前から地域で災害時についての話し合いをしておくことが、災害後すぐに、女性や子供への暴力防止の啓発やパトロールなどについて、避難所や地域のリーダー、行政、警察などが協力して行える準備となります。2011年の東日本大震災以降、国や自治体でも、女性の職員を避難所に巡回させ、女性の避難者の声を聴くなどの取組を進めています。避難所の運営や自治体災害対策本部において女性が参画し、女性の視点から必要な対策が実現される体制、仕組みづくりは少しずつ整えられています。

　また、ここでは女性の話が中心でしたが、男性特有の問題も存在します。例えば、消防団・水防団のメンバーは多くが男性であり、水害時の犠牲者は男性が多い場合があります。また、仮設住宅や災害公営住宅での孤独死は男性が多い傾向がみられます。

　内閣府の男女共同参画局では、「災害対応力を強化する女性の視点〜男女共同参画の視点からの防災・復興ガイドライン〜」を公表し、災害時の様々な対策について解説していますので、ご関心のある方は、ぜひ読んでみてください。

参考文献

1　イコールネット仙台「東日本大震災に伴う「震災と女性」に関する調査報告書」2012
2　内閣府男女共同参画局「災害対応力を強化する女性の視点〜男女共同参画の視点からの防災・復興ガイドライン〜」2020

コラム7：未来のボランティア　　　　　　　　　　　　（宮本匠）

■ボランティアの謎

　ボランティアって何でしょう。実は私たちの社会の未来はボランティアにか
かっていると言っても過言ではありません。まずはボランティアとは何かにつ
いて教科書的な理解を確認しておきましょう。一般的に、ボランティアは次の
三つの要素で説明されます。「自発性」、自らの意思に基づいて行われるという
こと。「無償性」、見返りを求めないということ。「社会貢献」、誰かを助けたり、
社会課題を解決する行いということです。この三つをつなげると、ボランティ
アとは「自らの意思に基づいて、見返りを求めずに、誰かを助けること」と、
さしあたって説明することができます。

　ただ、この説明は、ボランティアの本当の意味での特徴、ボランティアの本
質には迫り切れていないのです。では、ボランティアの本質とはなんでしょ
うか。日本にはボランティア元年と呼ばれた年があります。1995年、そう阪
神・淡路大震災のあった年ですね。阪神・淡路大震災では、のべ130万人か
ら140万人ものボランティアが被災地で活動したと言われています。しかも、
そのほとんどはそれまでボランティア経験のなかった初心者ボランティアでし
た。「元年」というのは画期的な物事の出発点という意味があります。だから、
1995年がボランティア元年だということは、日本では1995年が、ボランティ
アが生まれた年、始まった年だということです。

　さて、ここまで読まれてきて、勘の鋭い人は「あれ？おかしいぞ？」と思わ
れたのではないでしょうか？なんか変ですよね。「ボランティアとは、自らの
意思に基づいて、見返りを求めずに、誰かを助けることである。日本では、阪
神・淡路大震災がおきた1995年がボランティア元年と呼ばれている」。どう
ですか？実はこのボランティアについての常套句のような説明って、よくよく
考えるとなんか変なんですよ。どこがおかしいのでしょうか？ちょっと、本を
閉じて考えてみてください。

　いかがですか？そうですね、そうなんです。ボランティアが「自らの意思

に基づいて、見返りを求めずに、誰かを助けること」であるとしたら、それが日本社会で始まったのが1995年だというのは変ですよね。見返りを求めずに困った人を自発的に助けることなんて、1995年どころか、100年前とか、1000年前とか、ひょっとしたら1万年前の縄文時代でも、人々はそうやって互いに助け合っていたのではないでしょうか？ということは、1995年がボランティア元年だというのが間違いなのでしょうか。

■ボランティアの本質

確かに、1995年以前でも、例えば1923年の関東大震災の時にもボランティアは活躍しています。私たちの大学院があるHAT神戸のすぐ近くで困窮者支援をしていた、日本の協同組合の父である賀川豊彦も神戸から被災地にかけつけ活動しました。だから、ボランティア元年が1995年というのが間違いで、ボランティアはもっと前から日本社会に存在したんだということもできます。

けれど、1995年がボランティア元年とよばれ、それが広く社会に受け入れられたということは、やはり何かしらの新しさを阪神・淡路大震災のボランティアに見出したのだと考えることができます。すると、このボランティアの本当の意味での新しさをとらえるには、先ほどの3点セットでは不十分だということができます。

では、ボランティアの本当の新しさとは何か、1995年に見出されたボランティアの本質とは何でしょうか。このことを考えるには、100年前の助けあいと、ボランティアにおける助けあいが、どのような人々の間で行われているのかを比べるとわかりやすいでしょう。100年前の助けあいは、どのような関係にある人々が行っていたのでしょうか。地縁・血縁という言葉がありますね。地域のつながりや家族、親戚のつながりのことです。100年前の助けあいというのは、このような家族や同じ地域に住んでいる、多かれ少なかれ知り合いどうしが助けあうのが主でした。それに対して、阪神・淡路大震災のボランティアたちはどうだったかというと、もちろん家族や友人を助けようとかけつけた人もいたでしょうが、それだけでなく、被災地に知りあいがいるわけで

はないのだけれど、被災地の惨状を報道で知り、自分にも何かできることは
ないだろうかという思いで参加した人もたくさんいました。それが130万
から140万人もの人数になり、被災地救援の大きな力となったのです。つまり、
ボランティア元年というときの、ボランティアの本当の意味での新規性、本質
とは、ボランティアとは他人どうしの助けあいだということです。見ず知らず
の他人どうしであっても困ったときは同じ人間として助けあうというのがボラ
ンティアの本質なのです。

■ボランティアから考える未来

　社会学の概念に、ゲマインシャフトとゲゼルシャフトというものがあります。
ゲマインシャフトとは、地縁や血縁のような結びつきによって構成される伝統
的な共同体のことです。それに対し、ゲゼルシャフトは、都市や会社のように、
共通の利害や関心のもとに他人どうしが構成する社会のことです。人間社会は、
多かれ少なかれこのゲマインシャフトが次第に解体され、ゲゼルシャフトが支
配的な社会に移行しつつあります。これは世界的なトレンドで、日本も無縁で
はありません。ゲゼルシャフトへの移行は、ひとつの「解放」ではあります。
人々の選択の幅が広がるからです。ゲマインシャフトにおいて、人々は「男に
生まれたから」、「女に生まれたから」、「農家に生まれたから」、「長男だから」と、
自ら選べない属性によってさまざまな制約を受けることになります。一方、ゲ
ゼルシャフトが支配的な社会では、どこに住んで、誰と家族をつくり、どのよ
うな仕事をするのか、基本的には人々の自由です。だから、さしあたってゲゼ
ルシャフトの方が、ゲマインシャフトより、「よい社会」といえそうです。
　ところが、ゲゼルシャフトには弱点もあります。他人どうしが集まって、共
通の目的や関心で結びついているということは、人々はいわば「部分人格的」
におつきあいをしていると言えます。例えば、会社なら、そこで働く労働者は
何かしらの能力の対価として収入を得ます。言い換えると、同じ能力をもって
いる人間が他にいるのなら、「替えがきく」のです。それに対して、ゲマインシャ
フトでは、「うちの弟いけすかないから他の弟と交換したいな」と思ってもで

きませんね。人々は家族のいいところもわるいところも含めて「全人格的」につきあうことになります。「部分人格的」におつきあいをし、時に「替えがきく」ような関係で構成されるゲゼルシャフトでは、どうしても人々の関係が疎遠なものになる傾向があります。すると、何か困ったことが起きても、まわりの人々は「所詮は他人事」と、手を差し伸べてくれないかもしれません。

　このように考えてみると、ボランティアに私たちの社会の未来がかかっているといういい方が、まんざら大げさな表現ではないことをお判りいただけるのではないかと思います。他人どうしであっても、それを他人事とせずに自分事として、困ったときはお互いさまと助けあうことができれば、私たちはさまざまな選択の自由を手にしながら、さまざまな危機をも共に乗りこえられる素晴らしい社会を築けるはずです。昨今、ボランティアという言葉に、何か嘘くさいものを感じる人が増えているように思います。確かに、ボランティアと言いながら、学校で近所の掃除をさせられたりすると、ボランティアなんて都合のいい言葉だなと思われるかもしれません。それは正解。誰かに強いられて行う掃除なんてボランティアでもなんでもありません。ボランティアという言葉がデタラメなことが起きている場で用いられるのはとても残念です。

　私たちの社会の未来は、他人どうしがどのようにつながることができるのかにかかっています。その問題の真ん中にいるのがボランティアです。他人どうしであっても助けあうことがもっと当たり前になったら、ボランティアという言葉は、未来には良い意味でなくなっているかもしれません。

コラム8：復興の空気の研究　　　　　　　　（宮本匠）

■集団の空気

　富士山の山頂の空気を詰めた缶詰があるそうで驚いたことがあります。復興の空気を研究するといっても、被災地の空気を集めてくるわけではありません。私の専門はグループ・ダイナミックスという学問です。人々の集団に関心があります。着目するのは集団の空気です。「空気を読む」、「読まない」というときの空気のことです。グループ・ダイナミックスは心理学のひとつですが、人間の心を個人の身体の中にもとめるのではなくて、人と人の間にあるものと捉えて研究します。だから、心をもった個人を出発点に、個人が集まったものとして集団を捉えるのではなくて、集団を出発点として個人のことも考えます。そこで集団のもつ空気がひとつの鍵概念になります。

　私たちは自分自身の意思で判断したり、行動したりしているようにみえて、実はその場の空気に従っているにすぎないことも少なくありません。暗黙の裡に、「これが妥当だ」という「空気」に流されているのです。「空気なんて、そんな実体のない、あいまいなものが研究の対象になるのか」と思われるかもしれませんが、何か物事がうまく前に進まないときには、この人々が当たり前の前提にしているような空気に、案外ボトルネックがあったりするのです。

■よりよい未来をめざす空気

　では、災害復興の空気を研究するとはどのようなことか、具体的にみていきましょう。ここで取り上げるのは、「よりよい未来をめざす」という空気です。「よりよい状態を目指して、被災地の現状を変えていこう」、これは災害からの復興にとって、当たり前すぎる前提ではないでしょうか。ところが、「よりよい未来」に向かって現状を変えていこうという空気が、ときにかえって現状を閉塞させたり、被災者を苦しめたりすることがあるのです。それは、どのようなときでしょうか。

　舞台は、私が主なフィールドとしてきた2004年の新潟県中越地震の被災地

です。被災地は、地震前から過疎高齢化に悩まされてきた山の中の集落でした。そこで、復興にあたり、ただ地震前の状態に戻すのではなく、過疎高齢化の問題も克服した、よりよい地域をめざすことが必要だとされました。

　ところが、被災地に支援に入り、「どんな復興をめざしましょうか?」、「どんな地域になりたいですか?」という質問をしても、「年寄りばかりの村に未来なんてない」、「バカだから復興なんて難しいことはわからない」、「大体復興なんて役場の仕事だろう」という答えばかりが返ってきて、話が前に進まないという問題に直面しました。復興支援をすればするほど、「子どももいない村にもう未来なんてない」という諦め感や、「自分たちにはもうどうしようもない問題だ」という無力感、そして「自分たちではどうしようもない以上、誰かにお願いせざるを得ない」という依存心を引き出してしまったのです。

■支援の落とし穴

　なぜ、よりよい状態をめざすことが、現状をよいものにするどころか、逆に悪化させてしまうことがあるのでしょうか。原因は、「よりよい未来を」という「空気」がもつ暗黙の前提にあります。実は、よりよい未来に向かって今を変えていこうという姿勢には、よりよい状態としての未来に比べて、現在は十分ではないのだという「現在の否定」が暗黙の裡に含まれています。このとき、もし「よりよい未来」をもとめられている当事者が、すでに何らかの理由で自分のことを無力な存在として受けとめていたとしたら、「よりよい未来」をもとめるかかわりは、かえって当事者の無力感を強めるように働いてしまうのです。

　中越地震の被災地は、3メートルを超える雪が降る日本有数の豪雪地帯です。冬季に雪ですっかり孤立してしまうような自然環境の下で暮らしてきた人々が、自分たちのことは自分たちでするという自立心をもっているのだとしたら理解できるのですが(そして実際に自立の風土もあるのですが)、豪雪の地に生きる人々が依存心を抱えているというのは、よくよく考えると不思議な話ですね。実は、被災地の人々が、依存心や無力感を抱えていたというのは、この

地域の歴史的背景があります。高度経済成長の時代、都市がどんどん豊かになるのに対して、地方の暮らしは貧しいままでした。その地方の不満を背景に政界で力をつけていったのが、中越が輩出した政治家、田中角栄です。

　田中は、陳情政治という政治手法を確立します。陳情政治とは、投票とひきかえに、地域住民の要望に政治家が積極的にこたえる政治です。学校がない、トンネルがない、病院がない、という住民の声にこたえて、政治家はそれらインフラを整えます。その代わりに、選挙の時は投票してもらうのです。すると、こういうことがおきました。中越地域の人々は、政治家や行政に「○○がない」と、自分たちの地域がいかに問題を抱えたものであるかを訴えれば訴えるほど、物理的には村が豊かになる成功体験を繰り返してきたのです。ところが、それでも過疎はとまらなかったのでした。この陳情政治が、自分たちの地域を、なにか欠如でもって語る語り口をつくり、さらにそれでも過疎がとまらなかったという挫折が、依存心や無力感へとつながっていたのです。そのため、「よりよい未来をめざそう」という「空気」に基づいて行われる復興支援が、かえって被災者の無力感を強め、被災者が主体的に復興や地域の問題について取り組む力を奪ってしまっていたのでした。

■変わらなくてよい空気

　ではどうすればいいのでしょうか。実は、現在には、変化していった方がいいものもあれば、変わらなくてよい、かけがえのない価値もあります。だから、被災者が無力感を強めているときは、現在の欠如ではなく、現在の価値に目を転じてみるのがよいのです。「よりよい未来をめざそう」から、「変わらなくてよい」へと、一度、空気を入れかえてやればよいのです。この「空気の入れかえ」には、ボランティアのように、被災地外からやってくる人たちの視点が参考になります。すでに存在している価値というのは、しばしば足元に何げなく存在していて、当たり前すぎて当事者には気づかれていないことも多いものです。だから、地域の外からやってくる人たちの新鮮な視点を借りることで、気づいていなかった足元の価値を共に発見していくことが可能となります。この

ことが、結果的に被災者が力を取り戻していくことにつながり、主体的に復興にむかって取り組むことを可能にするのです。

　何らかの解決すべき問題が存在するとき、その問題があまりに深刻すぎて簡単には解決できないように思えたり、そのような力は自分には備わっていないのだと当事者が感じてしまったりするとき、「よりよい未来を」という「空気」に基づいたかかわりは、現状をさらに悪化させ、当事者の主体性を弱めてしまうことさえあります。災害復興において、「よりよい未来を」というのはいかにも常識的な「空気」のように思われるのですが、それが常に適切だとは限らないのです。「よりよい未来を」という「空気」に基づくかかわりは、言い換えれば、問題解決のアプローチです。それに対して、「変わらなくてよい」を前提に当事者の現在にそなわる価値を承認し、当事者がもう一度問題に向き合っていく力を回復させていくかかわりは、主体形成のアプローチといえます。問題ではなく、人に焦点を当てることで、問題の乗り越えが可能となるのです。

　そして希望はここにあります。問題解決のアプローチでしたら、その問題を正しく分析し、処方箋を渡せるような専門家が必要かもしれません。けれど、主体形成のアプローチでは、必ずしも専門性を必要とするわけではありません。むしろ、ひとりひとりがもつ多様な感受性に基づいた、素朴な驚きや感動が重要です。社会全体が右肩下がりになる日本社会において、眼前の課題は当事者にとってますます困難なものに映るようになるでしょう。主体形成アプローチは、中越の被災地に限らずさまざまな現場で求められるはずです。そして、そこで活躍できるのは、一握りの専門家ではない、すべての人々。あなたも確かにその一員なのです。

コラム9：復興で地域は何を目指すべきか　　　（澤田雅浩）

■被災地にとって「復興」とは？

　大規模な自然災害の被害を受けると、被災地では復旧・復興の様々な取り組みが試行錯誤を繰り返しながら進められることになります。その目標像に、「創造的復興」が掲げられることがあります。1995年に発生した阪神・淡路大震災からの被災地再生・新生の旗印としてこの言葉が掲げられたのが契機となって、2011年の東日本大震災、2016年の熊本地震でも「創造的復興」が目標として示されました。しかし「復興」という言葉の意味は多義的で、その捉え方は千差万別でもあります。置かれている状況や、自分の被害状況などによって、異なる解釈が生まれる事になるわけです。さらには、日本では2006年をピークとして本格的な人口減少社会を迎えています。ただ量的に「大きくなる」「多くなる」ことが必ずしも「良い」とは言い切れない状況において、「創造的復興」に込められる意味、込めるべき意味はどのようなものとなるのでしょうか。そのような視点から、いくつかの被災地の復興プロセスをご紹介してみたいと思います。ここでは1999年に発生した台湾921大地震、2004年に発生した新潟県中越地震をとりあげます。

■1999年台湾921（集集）大地震からの「社区総体営造」復興

　阪神・淡路大震災から約4年半が経過した1999年9月21日、台湾中部を中心に大きな被害地震が発生しました。100キロ以上にわたって断層が動いたとされ、震源に近い南投県という地方の農村地域だけでなく、そこから離れた台北市や台中市といった大都市でも中高層の集合住宅などが倒壊するなどの被害が生じました。日本における近年の災害よりも被害を受けた地域の多様性は高いといえます。

　この地震からの復興を進めるに当たって、「社区総体営造」が基本的な取り組み姿勢となりました。社区というのはコミュニティの意味です。コミュニティを基本としながら、総合的なまちづくりを災害復興においても進めていく

という方針がだされ、それを踏まえた取り組みが行われました。まずは避難生活を早く解消すべく、家賃補助、仮設住宅の提供、補修費用の負担という選択肢が被災者に提示され、それぞれの事情に応じて住まいの再建が図られています。こわれた公共施設の復旧は国や地方自治体がスピード感を持って進めつつ、人々の生活全体の復興へと進めていくために、住まいだけでなく地域の暮らしを構成する文化的な営みも復興の取り組み目標に組み込まれることになりました。それも、とにかく住まいの再建を当面の目標にしがちなところを、地域の価値を見直し、探しだし、それを活用した新たな経済活動へのチャレンジを進め、その成果をもってしっかりとした住まいの再建をする、というプロセスです。

　社区総体営造は、台湾において20世紀末から平時の取り組みとして各地で進められつつあったのですが、その参考となったのは1995年の阪神・淡路大震災で大きな被害を受けた神戸での震災前からのまちづくり活動です。神戸市では日本で最初、1981年にまちづくり条例が定められ、それに基づきまちづくり協議会の設立と協議会に対する専門家の支援、そして行政の参画がすすめられました。それによって密集市街地の住環境整備など、地域の状況に応じた成果が生まれていました。阪神・淡路大震災が発生した後、復興都市計画事業を進める際にも、この仕組みは大きな役割を果たしています。住民が地域の状況をしっかりと共有した上で、課題を解決したり特徴を活かすようなまちづくりを進めてきたことを、台湾の文化風土に合わせたまちづくりの手法に上手に応用し始めた矢先に震災が発生し、その手法が復興にも適用されたのです。そこでは壊れたものを元通りに直すだけでなく、地域社会、暮らしの再生をするために、コミュニティや外部支援の力を上手に活かしていくようなプロセスも積極的に採用されました。

　「創造的復興」が幅広い解釈を可能にするがゆえに、却って各種事業の位置づけに混乱をきたすとは対象的に、直すべきものを適切に直し、それを基盤として生活再建、地域再建を図っていこうとするこの手法こそ、創造的な復興プロセスといえるのかもしれません。

■社区総体営造的復興を進めようとした国内での事例：新潟県中越地震

　台湾の震災復興が神戸のまちづくりを参考に進められたのと同様に、台湾の社区総体営造を軸とした復興プロセスが大いに参考された日本の事例があります。それが2004年に発生した新潟県中越地震からの復興です。

　「自然災害は地域が潜在的に抱えていた課題が浮き彫りになる」とも言われます。この地震では中山間地域に立地する集落が大きな被害を受けました。真冬には2メートルを超える積雪がある場所です。実は震災以前から過疎化、高齢化がかなり進んでいた地域でした。道路などの被害も大きかったため、住み慣れた場所から年単位での避難、仮設住宅生活を強いられることになり、当時から震災の影響で集落の消滅が懸念されることにもなりました。実際に、全村避難で注目されることになった山古志村（現長岡市山古志地域）では、震災前の690世帯2,184人から、震災から約10年が経過した2014年4月時点で460世帯1,150人まで人口減少が進みました。高齢化率に関しても37.7％から47.7％まで上昇しています。類似する生活環境で同じように地震の影響を受けた集落でも似たような状況になりました。この数字だけをみれば、復興はうまくいかなかった、もちろん「創造的復興」にはまったく当てはまらない、ということになりそうです。

　15年以上が経過した今でも過疎はどんどん進み、集落単独で雪深い山里の暮らしを維持していくのは難しくなりつつあります。しかし、震災前にはあまり見られなかった様子もあります。例えば週末などには集落外から人々がこの地域を訪れ、地域の人と一緒になってさまざまな活動や交流を進めているというものです。訪れる人はよく、「限界集落とも言われるような地域なのにそこに暮らす人々はイキイキとしている」と感想を抱くようです。このあたりが「社区総体営造」も参考にしながら進められた復興プロセスの成果かもしれません。

　震災による被害は、当時目の当たりにした地域の人々が「二度とこの地に戻ることができない」とあきらめにも似た気持ちを抱くようなひどいものでした。一方で被災した地域再生のために少しでも手を差し伸べようと全国から多くの人々が現地に足を運び、多様な活動に従事することになりました。その過程に

おいて、これまで良くも悪くも自己完結、閉じた社会構造をもっていた中山間地域が、外部の人達との多様な接点を持つなど、地域の良さをみんなで共有できる構造へと少しずつ変化していくことになりました。

　当地でよく言われるたとえ話に「ゆでガエルからの脱却」というものがあります。徐々に状況が悪化していくことは当事者には認識しにくかったり、受け入れ難いもので、対処を躊躇している間に手遅れになってしまう、ただ、地震がそこに立ち向かう契機となったという趣旨の例えです。被災地は震災前、全体的にゆでガエル的な傾向にありました。それが震災を契機として危機感が現実の危機として立ち現れ、その対応をすることが必要となったとき、自分たちだけでなく、周りの人の協力も得ながら解決策を模索していくという手法が必然的に採られることになったのです。その際、何もない、不便な地域、と思っていた場所が、豊かな資源とそこで共生する人々の日々の暮らしが、他者から大きな共感を得られる可能性があることに気がつくことになりました。その一例として地域の方々が普段食べていたものへの評価があります。震災後、支援に駆けつけてくれる人々に対し、いわゆるおもてなしのためのごちそうなんて提供できない状況下で、自分たちではこれまでそんなもの提供できない、と思っていた地域の食材や保存食を提供したところ、提供した本人がびっくりするほど喜ばれたという経験は、自分たちの暮らしが他の人から見ると興味深く思えるのだという気付きにつながりました。そしてそういったものを活かす取り組みが、地域の特徴を高め、それが経済的な効果も生み出し、この地で暮らし続けていくためのモチベーションにもつながりました。形は少し違えども、まさに「社区総体営造」的復興プロセスであるといえます。豪雪地帯でもある中山間過疎集落での身の丈の暮らしに共感し、その価値を認めてくれる人の存在があることを確認できたことは、その後のさまざまな地域主体の取り組みを生み出し、先のような地域外の人の感想へとつながったのだと思います。実際に被災地の集落を「なじみの田舎」のように感じ、血縁関係が全くないにも関わらず親戚づきあいのような関係を構築している人々も多くなっています。震災を契機として地域と関わることになった地域外の人は、その人数こそ時間経過に

伴って徐々に減少することになりますが、迅速な復旧によって生活再建が可能となる環境が早めに整えられたこと、外部人材が想いを寄せやすい場所での生活再建が進められたことが、この動きを後押しすることになりました。

■人口は減ってもよい復興は可能である

　日本全体としてもすでに人口減少の局面を迎えています。人口減少は全国的な傾向であって中山間地域だけの問題であった時代ではなくなりました。その点で、過疎化の解消のためにいろいろな取り組みを行うというよりは、人口が少なくなっても持続可能な暮らしのありようが求められています。人口減少が進んでも地域を元気に、そして持続するものとして再生・新生することは可能です。その際、量的拡大を始めとした従来の指標から上手に距離を置くことが大切であるとともに、住民が、地域が、そして地方自治体が「どうしたいか」「なにをするのか」を主体的に考え、実践していくことも大切となります。「創造」「復興」の担い手はその地域に暮らす人々であることに違いありませんが、その少し外側にいる人との関わりも考慮しながら進めていくことが求められる時代になっているのかもしれません。

コラム 10：阪神・淡路大震災からの復興―新長田駅南地区再開発事業から―
(加藤惠正)

■インナーシティ再生と大規模市街地再開発事業

2021 年 1 月、阪神・淡路大震災からの復興事業である新長田駅南地区再開発事業の検証報告書を公刊しました。阪神・淡路大震災は、死者 6,434 人、建物の全壊は 6 万 7 千余、全焼も 7 千棟におよぶ未曾有の被害をもたらし、被災による多くの建築物の倒壊・消失は、神戸市内においても深刻な住宅不足が発生したのです。こうした事態を受けて、神戸市は被災 2 か月後の 3 月に震災復興土地区画整理事業 13 地区 145ha、震災復興市街地再開発事業 2 地区 26ha を決定、まちの再生・復興への取り組みをスタートしました。

本コラムでは、震災復興で被災地において実施された市街地再開発事業の中でも最大規模の新長田駅南地区を事例に取り上げ、2020 年に行われた事業検証で明らかになったことをもとに、被災地の将来について、また検証から得られたこれからの備えについて整理したいと思います[1]。

新長田駅南地区第二種市街地再開発事業は、区域面積が約 20ha と大規模です。ここは、震災前住戸約 1,500、従前人口は 4,456 人でしたが、被災によるダメージは大きく全半壊・消失が約 83％とほぼ壊滅的な状況となっていました。

さて、新長田駅南地区の再建・再生を考える上で、あらかじめ着目しておくポイントを指摘したいと思います。それは、長田区を中心に形成されていた固有の社会経済空間のありかたと関わっています。大都市インナーシティのひとつの特性です。再開発事業区域を含むこのエリアの場合、産業とコミュニティが一体かつ稠密な結びつきの中で形成された「産業地域社会」が地域の強みと魅力であったのです。かかる「姿」は、地域のエンジンともいうべきケミカルシューズ産業の変化とともに、実際には震災前から変容していたのです。地域社会の構図を大まかに示すと図 1 のようになります。かつて、ケミカルシューズ産業とコミュニティ、そして商店街は一体となって地域社会を形成していま

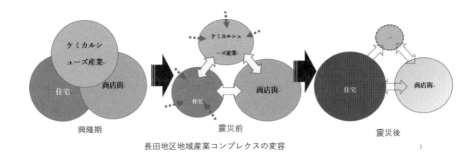

図中のラベル：

ケミカルシューズ産業／住宅／商店街（興隆期）

ケミカルシューズ産業／住宅／商店街（震災前）

住宅／商店街（震災後）

興隆期　　　　　　　　震災前　　　　　　　　震災後

長田地区地域産業コンプレクスの変容

図1　長田地区の「産業地域社会」（著者作成）

したが、中核となっていた産業の縮小とともにこれらの関係性は弱体化していました。阪神・淡路大震災は、こうした「変化」の途上にある地域を直撃したのです。新長田の市街地再開発事業は、これまで日本が経験したことのない多くの課題に直面しながら進められてきたといっていいでしょう。

■神戸市による「新長田駅南地区震災復興第二種市街地再開発事業検証」

　神戸市による「新長田駅南地区震災復興第二種市街地再開発事業検証」は、事業完了の目途（2024年事業完了予定）が立ったことから、外部委員による有識者会議が設置（2020年10月）され議論が行われてきました[1]。ここでは、巨大災害に直面した市街地がどのような経緯で再建・再生への苦難と闘ったのかについてデータや関係者のインタビューから整理を行っています。以下、同報告書をもとに明らかになった課題を整理しておきたいと思います（本コラムは、同会議座長として参加した立場から報告書に寄稿したコメントを加筆修正したものです）。

　さて、第二種市街地再開発事業が適用された本事業ですが、多くの困難・課題に直面してきました。第一に、災害からの復興というきわめて緊急性の高い事業であったことと関係しています。平時の再開発事業と異なり被災住民・事業者の早期生活再建が、最重要課題でした。また、19.9ヘクタールに及ぶ広域開発であること、着手から今日まで長期にわたる事業となったことなどから、

その過程で幾多の論争が勃発し、住民提案等による計画変更も行われてきました。また本事業を取り巻く社会経済情勢の変化も閑却できないところです。こうした状況を鑑み、有識者会議は、正確・厳密なデータを採取・整理すること、被災権利者や神戸市（元）職員、本事業推進に様々な形で携わった専門家などから意見をできる限り多数聴取・整理することなどから、本事業の推移を追跡・検証を行うこととしました。

本検証を行う上での主たる留意点は次の2点にあります。第一は、大規模かつ長期にわたる再開発事業を統合的に捉える視点です。個々の地区の課題や事業遂行の過程で生じた問題について、すべてにわたり点検することは事実上困難です。再開発事業全体の動きを見失わないことに注意を払っています。個別の課題については、あらためて点検・検証を行う必要があるでしょう。第二に、本事業では、計画の実施や実施途上での計画変更などに際し、幾多の意見の対立が顕在化しました。こうした異なる意見について整理を行いましたが、かかる事態の背後にある情報共有・合意形成や組織における意思決定のメカニズムの脆弱性が浮き彫りになりましたが、検証においてもこの点に着目しています。

本検証では、ここから見えてきた教訓として、事業の制度（骨格）を機動するうえで不可欠な三つの要素について整理を行っています。「ガバナンスの強化」「リスクマネジメント」そして「人材育成」です。今回の検証で強く痛感したことの一つは、多様な主体間の情報共有を促し合意への道筋を明らかにすること。そして、組織内部の意思決定のありかたと関わりながら、事業全体を柔軟に統括することの困難と重要性です。事業ガバナンスの役割はそこにあります。一方、大きな事業を長期間にわたって動かすためには、事前に予測ができない様々な変化や個別事情への対応への準備です。その際、リスク分散・分担のあり方は、平時の市街地再開発事業とは大きく異なる様相を示すことになります。リスクマネジメントに関わる制度設計は、きわめて重要かつ喫緊の課題として顕在化したところです。

事業ガバナンスとリスクマネジメントに関わる課題は、今回適用された「第二種市街地再開発事業」という都市計画制度のありかたと強く関わっていま

す。本制度は、もともと、日本の高度経済成長期の市街地整備を念頭に設計された仕組みのために、地価の上昇やこれに連動する保留床の売却などを前提としていました。本事業がスタートする1995年において、かかる前提条件はほぼ消滅していたといっていいでしょう。しかし、被災権利者の早期生活再建実現に向けて、既往制度適用はやむをえない判断と考えます。本来であれば、未曽有の被災状況・事情に適合した制度の提案、そしてその実施が望ましいことは言うまでもありません。その意味で、本事業の実施において、2段階都市計画の実施など制度の柔軟な適用は必須でした。さらに、都市計画・まちづくりコンサルタントやまちづくり協議会は、再開発事業遂行のきわめて重要なプレイヤーと評価できるでしょう。

■インナーシティ再生のこれから

　最後に、新長田駅南地区、および同地区を取り巻く長田地域の今後について述べておくことにしたいと思います。新長田駅南地区は、神戸市長田区の核心部に位置しています。長田区は神戸市のインナーエリアに位置づけられます。長田区の人口や商業は、1970年―80年代をピークに減少過程に入っていました。今回の市街地再開発事業は、地域の事業者は「三宮に負けない街づくりを・・・」（事業者インタビューから）、また神戸市も既往計画において位置づけられた「西の副都心としての再生を・・・」との地域事業者・神戸市双方からの熱い期待があったのです。その後、経済環境の悪化、制度やその運用の硬直性などが背景となって、その両者の関係にひびが生じてきたことは否めません。これからの新長田駅南地区、そして同地区を取り巻く長田地域のまちづくりにおいて、公民が情報を共有し、その課題について率直に議論を重ねることが重要です。

　本検証から新長田の将来について直接的な答えを見出すのは無理があるかもしれませんが、重要なことは新たに形成されたこの「まち」をいかに使いこなしていくのかという点でしょう。ここでは、さまざまなアイデアが必要です。たとえば、長田地域はもともと揺籃期のビジネスの器としての役割を担ってい

たのですが、こうした仕組みを新たに構築することは長田の本来の姿を取り戻す試みかもしれません。あるいは、震災後、転入してきた多くの新住民とともに、地元商業との接点を模索していく試みは必要です。この他にも、エリア・マネジメント、BIDs など近年の先進的なまちづくり手法の導入も検討に値するでしょう。こうした試みをサポートするのは市役所を中心とした公的組織です。その際、最も重要なことは、縦割りによる非効率を脱し、関係する部局が統合的に地域の活性化に取り組む必要があります。市役所を中心に関係機関が本格的に連携・連動するタスクフォースを組成するといった試みも必要でしょう。既往の制度や仕組みにとらわれない発想が必要です。

■被災地復興が過大になるメカニズム

　最後に、災害復興計画が過大になる可能性を内包していることに関わって、若干の考察を紹介します。それは、局地的な衰退に直面していたインナー地区の再建に挑む被災地再開発事業が、その再生計画において規模が過大になる可能性を有していたことです。震災の直撃を受け、壊滅的打撃を被ったこの地区をどのようにして再建・再生の方途を見出すのかは、地元被災者や神戸市・兵庫県が直面する被災直後の喫緊の計画課題でした。ここでは、Vigdor（2008）を参照しながら、災害を受けたインナーシティにおける再生計画規模が過大になる可能性を内包していることを図２から示しておきます。

　災害以前、インナーシティに形成された「産業地域社会」の興隆期に、建築物への「強い需要」（建物需要関数）DD が存在したとします。この時、建設の長期限界費用との接点 A は、インナーシティ繁栄時の均衡を示しています。実際の建物ストックを Q ３と想定すると、需要曲線との接点は B となり、かかる状況下では繁栄しているこの地域での更なる建設は可能です。しかし、地域の人口減、事業所の減少過程にあったこの地域の現実の需要曲線は、震災直前には既に左にシフトした D'D' となっている可能性があります。とすると、現実の均衡はその時点の建物供給曲線との交点 C ということになります。ここで、このエリアが災害に見舞われたとき、建物は大きなダメージを受けその

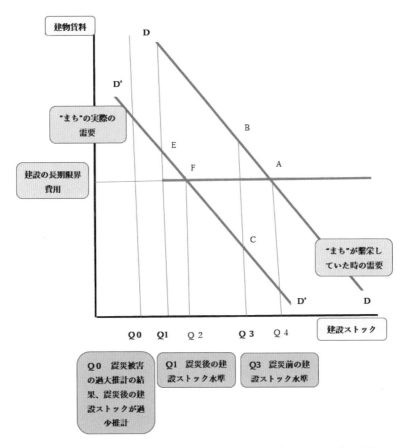

図2 巨大災害からの復興が過大になるメカニズム Vigdor(2008)，
　　齊藤（2015）から引用

供給量は同図に示すように Q1 へと大きく縮小することになります。災害後の
このエリアの建物の需給均衡は E となります。利用者が支払う建物賃料を示
す限界費用曲線との交点は F ですから、最適な災害復興計画規模は Q 1 Q2 と
いうことになります。しかし、被災規模を過大に推計した場合、災害後の建物
ストックは Q 0 の水準と想定されることになるでしょう。被害が過大推計さ
れたストック水準を起点に想定し、震災直前の供給量（しかし、ここでは、賃
料では建設を賄うことができないレベルです）への回帰を考えると復興計画規

模はＱ０Ｑ３に、さらに地域の興隆期への回帰を希望すれば計画規模はＱ０Ｑ４と大変大きな規模へと拡大することになります[2]。

　本図はあくまでいくつもの仮定と制約のもとに描かれていますので、一般論としての理解すべきものです。ただ、巨大災害からの復興時に、地元の住民・事業者、また計画当局が地域再建・再生に向けて将来に向けて希望のある地域デザインを描こうする「思い」がこうした過誤の可能性を顕在化させることには留意しておく必要があるのだと考えます。

参考文献

1　神戸市 HP 参照
　　https://www.city.kobe.lg.jp/documents/36279/jigyogaiyo-1.pdf
2　Vidgor,J.(2008) "The Economic Aftermath of Hurricane Katrina," Journal of Economic Perspectives, Vol22,No4,pp.135-154. Vidgor が示したモデル化については、齊藤による周到な説明が行われているので、次も参照していただきたいと思います。齊藤誠「東日本大震災の復興予算はどのようにして作られたのか？」齊藤誠編著『震災と経済：大震災に学ぶ社会科学４』東洋経済出版社、1 － 32 頁、2015.

コラム11：希望と再生—巨大災害に備える—　　　（加藤恵正）

■巨大災害で被災した企業は「今」

　「震災で全壊した市街地の工場から、ポートアイランドに移転・建設した新工場はその近代的設備からこれまでと異なる部門への進出も果たし、現在でそれが主力営業部門に育ってきた」（オリバーソース（株）社長　道満雅彦氏）。神戸の老舗ソース会社オリバーソース（株）は、阪神・淡路大震災で神戸市兵庫区松本通りにあった本社・工場のうち、事務棟を含む3棟が全焼。残ったソース設備はことごとく倒壊という壊滅的状況となりました。その後、同社はポートアイランド二期への移転を決めることになります。

　神戸市長田区に本社を置く三ツ星ベルト㈱の広告塔（高さ40メートル）が、老朽化のため解体・撤去されました。阪神・淡路大震災時に、同社の広告塔は長田区などインナーシティ被災地救援に向かうボランティアの目印でもありました。同社は、2014年にはこの広告塔の建屋を、神戸市の「津波一時避難所」に指定。地域の高齢者などの避難施設として市と協定が結ばれています。予見される南海トラフ災害に対し、かつての「象徴」を安全のための措置として解体し、企業として本格的に巨大災害に向けた準備へのステップに入ったということかもしれません。「企業と地域の普段の交流」を大切にする三ツ星ベルトの防災・減災への進化の構図に期待したいところです。

　1995年1月に発災した阪神・淡路大震災は、被災地立地企業に多大なそして様々な影響を及ぼしてきました。オリバーソース（株）のように再生と新たな展開を目指す企業がある一方、震災のダメージから廃業・倒産に追い込まれた企業も多いのです。阪神・淡路大震災からの年月は、被災地に立地する企業群の苦闘の年月でもあったのです。

■希望と再生

　阪神・淡路大震災から27年余、被災地の企業は今どのような状況にあるのでしょうか。（財）阪神・淡路産業復興機構の調査によれば、被災直後の

1995年末において被災地（災害救助法適用地域）立地事業所の約2割が全壊しており、半壊・一部損壊まで含めると全体のほぼ7割に及んでおり、ほぼ壊滅的状況でした。こうした状況の下、倒産・廃業に追い込まれた企業も多く存在しています。一方、震災からの復興を契機にそれまでの経営戦略をあらためて点検し成長を遂げた企業もあります[1]。これまで必ずしも全体像が明らかになっていませんでしたが、その一端を垣間見る調査が行われました（アンケートの実施はみなと銀行、分析は兵庫県立大学大学院加藤研究室が担当）。

表1は、阪神・淡路大震災における被災の有無（表側）と、25年後の「今」の経営状況（表頭）とを対応させたものです。ここで興味深いのは、被災経験のある企業の経営状況です。現在の売上が震災直前と比べて2倍以上となった割合は19%。これは被災しなかった企業の13%を6ポイント上回っています。一方、売上げが70%以下の企業が29%あり、これは被災しなかった企業を16ポイント上回っているのです。つまり、被災企業は、非被災企業に比べて経営を大きく拡大したものと、減速したところに2極化したといってよいでしょう。大きく被災した企業が経営を減速させることは残念なところです。一方、非被災企業よりも好業績に向かっている被災企業が多いことはどのよう

表1　被災地域立地企業の売上高水準の変化

	70以下	100	130	200以上	合計
被災経験あり（直接）（259）	74	57	80	48	259
	29%	22%	31%	19%	100%
被災経験なし（間接・被害なし）（305）	39	120	108	38	305
	13%	39%	35%	13%	100%
合計（567）	113	177	188	86	564
	20%	31%	33%	15%	100%

●被災状況（表側）
被災経験あり：「直接被害（建屋・機械）」
被災経験なし：「間接被害（取引先など）」＋「被害なし」
●震災直前を100としたときの現在の売上高水準の分類（表頭）

●集計対象対象　阪神・淡路大震災被災地自治体（災害救助法適用自治体旧10市10町）に立地するみなと銀行取引企業
●カイ2乗検定　統計的に有意差が認められた。P＜0.001

に説明できるのでしょうか。もちろん、こうした結果はサンプルの特性をはじめ、多くの要因が複雑に絡んでいると思われますが、ここではその解釈のひとつのヒントとなる「希望」の研究をあげておきましょう。

　「過去に何らかの挫折や試練を経験してきた人のほうが、将来に希望を持ち、実現に向けて行動している」。東日本大震災による被災経験を分析した玄田有史は、このように指摘しています。実際、東北・関東在住者にたいし行ったアンケートでは、希望の保有についてその実現性や実現に向けての行動を含め、「大きな被害を受けた」「ある程度被害を受けた」「被害を受けなかった」人たちにたいし回答を求めました。ここで「希望」の保有割合は「ある程度被害を受けた」人々を指します。「震災で被害を経験した人のほうが希望を持ち、かつその実現に向けて具体的な行動をしている」ことが明らかとなりました[2]（希望の保有割合は、「被害はなかった」59.5％、「大きな被害を受けた」58.7％）。アンケートの対象や被災の時期など、今回の企業調査と玄田による分析はもちろん大きく異なっているのですが、被災によるダメージの度合いが復興や再建への「希望」、そしてその実現に向けての「行動」に影響していることが両調査において示されたのです。今回の企業調査は、阪神・淡路大震災で厳しい状況に陥った中小企業経営者が、その被災・被害を乗り越えて困難から立ち上がってきたことを示唆しているといってよいでしょう。

■大規模災害に備える

　南海トラフ地震への準備は、言うまでもなく喫緊の課題です。予見される巨大災害・リスクにたいし、企業経営者はいかなる対応や経営姿勢が必要なのでしょうか。ここで紹介した被災企業アンケートを含め、これまで多くの被災企業の経験が報告されています。最後に、南海トラフ災害を念頭に、こうした被災企業の経験から災害に立ち向かう企業のあり方を整理しておくことにしたいと思います。

　第一は、企業が自ら復興するという強い意思を持つことです。企業家精神を堅持することでしょう。実際、今回のアンケート調査からも明らかなように、

そういう意思を持った企業経営者は復旧・復興を成し遂げているのです。操業停止による企業活動の遅れは、単に元に戻すという作業だけでは取り戻せません。新たな領域への挑戦を含め、企業家精神の発揚は不可避ということなのでしょう。

　第二に、こうした危機意識を共有した企業家同士のネットワークを醸成することの重要性です。これは、企業間の連携・協力関係に関わっています。予測の困難な災害への柔軟かつ機動的な即応に関わって、オリバーソース（株）の道満氏が、人的ネットワークというヒューマンウエアの役割に着目されたのは示唆的です[3]。そのために必要な仕組み（ソフトウエア）の構築や社員の意識醸成（ヒューマンウエア）を絶えずメンテナンスし進化させていくことが重要ということでしょう。災害に直面した企業群が効率的・効果的に対処するためには、経済的取引関係があるつながりだけではなく、インフォーマルな関係性の存在は大変重要なのです[4]。

　第三に、大規模災害時における地域との連携の重要性もあらためて指摘しておきたいと思います。2014 年、このほど撤去されましたが三ツ星ベルト広告塔建屋が、神戸市の「津波一時避難所」に指定されています。南海トラフ巨大地震の県想定では、長田区は発生から最短 88 分で最大 2.7 メートルの津波が到達します。高齢者などの避難が心配なため、三ツ星ベルトは広告建屋を避難ビルに指定する協定を市と結んだということです。このために、同社は 2014 年度には貯水タンクや 6 万人分に対応する浄化・濾過器の設備投資を行っています。同社が立地する真野地区は、長田区南東部に位置し、住工混在問題への取り組みを全国的に先駆けて試みてきたところでもあります。真野地区は、阪神・淡路大震災において大きな被害を受けた地区のひとつであるが、震災直後に発生した地区内の火災にたいし、同事業所の消防隊がいち早くこれを消火し地域内での延焼を防いだことはよく知られているところです。同社の消防団が地域の火災を食い止めると同時に、それは自社への被害をも食い止めたことも意味しています。企業と地域の普段の交流こそが重要との同社の姿勢は、地域の防災や安全を考えるうえで大変示唆的です[5]。

予見される巨大災害、南海トラフ地震にたいしてわれわれは最大級の災害が起こることを想定して備える必要があるのでしょう。備えるべきことは多いのです。

（本稿は、加藤惠正「希望と再生」（公財）ひょうご震災記念 21 世紀研究機構、HEM21 研究レター OPINION,Vol.58、2020 年 3 月を加筆修正したものである）

参考文献

1　加藤惠正・三谷陽三「阪神・淡路大震災からの復興 20 年－企業の軌跡－」都市政策 161 号、31 － 44 頁、2015 年.

2　玄田有史『危機と雇用－災害の労働経済学－』岩波書店、2015 年.

3　道満雅彦　「オリバーソース道満雅彦氏：企業インタビュー」ひょうご経済 85 号

4　加藤惠正「復興まちづくりへの新たな視角 " 震災復興と企業文化 "」加藤惠正・田代洋久『「協働」の都市再生－阪神淡路大震災の復興から－』研究資料 No.209、兵庫県立大学政策科学研究所、2007 年.

5　三ツ星ベルト HP　http://www.mitsuboshi.co.jp/japan/communication/

■「防災教育と心のケアはセットで」のきっかけと内容

　2011年5月岩手県釜石を訪問したとき、ある小学校の校長先生が「避難訓練のとき大泣きする子がいて、つらい」と話してくれました。阪神・淡路大震災以来、台風23号（2004年10月）、インド洋大津波（2004年12月）、四川大地震（2008年5月）と国内外の被災地で心のケア活動を展開してきた私たち臨床心理士は、「被災地でいつからどのように心のケアをとりいれた防災教育を行えばいいのか」の回答をもっていませんでした。一方で、東日本大震災では、平時の防災教育により、地震から津波到達までの間での避難行動により命を救うことができました。ですから、強い余震や津波に備えて避難訓練などの防災教育は被災地でも不可欠です。

　ところが文部科学省（2014）の災害後の子どもの心のケアのガイドラインでは、「トラウマに触れる可能性がある集団的取り組み（避難訓練、被災当時の回想や津波をテーマにした話し合い等）を学校で行う場合、被災から十分に時間が経過してクラスの子どもたちが安定しており、親族・友達を失った子どもやPTSDのある子どもの回復状況を確認した上で行う必要があります」（40p）と記載されています。被災から間もない時期の避難訓練は、こわかった体験を思いださせるからです。しかし、「余震が収まってからでないとクラス単位の防災教育はしてはいけない」というのでは、強い余震から命を守ることができません。四川大地震では倒壊しかけた建物が余震により倒壊し亡くなった子どもがいました。

　被災地で防災教育のあり方を教えてくれたのは小学校の先生でした。大船渡の甫嶺小学校は越喜来小と崎浜小の3校合同で学校を再開しました。5月に訪問したとき、学校再開時、避難訓練を既に行ったのですが、大泣きや体調を崩す子どもさんはいなかったと養護教諭の先生方はいわれました。その避難訓練を指導したのが西條剛志先生でした。「どんな工夫をされたのですか」と尋ねたところ、「避難訓練の前日、クラス単位で避難経路を散策しました」という

のです。それまでの沿岸部での学校の先生のお話しでは、避難訓練で体調を崩したり泣いたりする子どもがいるとのことでしたので、西條先生の取り組みは驚きでした。と同時に、被災地での防災教育は、＜いつからしたらいい＞ではなく、＜どのようにしたらいいか＞がポイントなんだと思いました。

　その後、被災地の教員やスクールカウンセラーとともに様々な工夫を提案してきました（表1）

表1　防災教育と心のケアをセットで行うポイント

①避難訓練の目的：訓練の目的を子どもの発達に応じたわかりやすい言葉で説明する。「もし地震があり大きな津波が来たとしても、君たちは自分の命を守る力があります。そのための訓練です」

②サイレンの受けとめ方：津波警報を知らせるサイレンは、命を守ってくれる大切な合図です。もし、サイレンが心地いい音だったらどうなる？

③事前の散策：はじめての避難経路は、事前にクラス単位で散策する。ゆとりと見通しを。

④安全な刺激であるトリガーへのチャレンジ：「"つなみ"という言葉は嫌な気分にさせます。でも、"つなみ"という言葉が、家を壊したり、人の命を奪うことはありません。"つなみ"という言葉を落ちついて使えるようになると、次に災害があったとき適切に対処できます」

⑤再体験の心理教育：つらいことを思いだしたときの対応についての情報提供（心理教育）を行う。「地震が発生したとの放送は辛いことを思いださせてしまうけど、それは自然なこと、自分の心とからだが大変なことを乗り越えようとがんばっていると思ってください。」

⑥落ちつくためのリラックス：「一生懸命避難したあと、ドキドキしていたら、背筋を立てて肩の余分な力をぬいて、息をゆっくり吐いてみましょう。」呼吸法や肩の動作法などの体験を取り入れた活動を行う。

⑦「備える防災」と「そのとき防災」を学ぶ：防災行動自己点検リストを用いて備える防災とその時防災のセルフチェックを行う

表1で理解し難いのが「安全な刺激であるトリガーへのチャレンジ」です。命を脅かすトラウマ記憶のメカニズムを知ることが必要です。トラウマ記憶は凍りついた記憶の箱に喩えられます。思い出そうと蓋を開けようとしても凍りついていて蓋が開かない。それで思い出せない。感覚が凍りついてマヒして楽しいことも楽しいと感じられない（マヒ）。しかし、そのトラウマ出来事に関連する安全な刺激（" 津波 " という言葉、津波が押し寄せた海岸など）にふれると、氷が一瞬のうちに溶けて、トラウマ記憶の蓋が開いて、その記憶の箱に吸い込まれて、あのときのことが蘇り苦しい（再体験反応）。その苦しみは死んでなくしたくなるほどの苦しみであるという人もいます。その対処として、トリガーを避けることで（回避）、再体験反応が起こらないようにする心のメカニズムがあるのです。しかし、この回避を強く続けると、「外出できない」、「関連するニュースやドラマをみない」と日常生活が立ち行かなくなります。

避けていることに自発的に主体的に少しずつチャレンジすることが、トラウマ記憶を人生の文脈の中に位置づけ、生活の幅を広げ、新しいことへチャレンジする意欲を引き出していくのです。

■防災教育と心のケアセットで学ぶ効果の検証

科学としての防災教育であればその効果の検証は必要不可欠です。その効果の検証は将来起こる災害によってなされるわけです。しかし、災害はいつ起こるかわからないので防災教育の効果を測る指標（ものさし）があればいいなと思うようになりました。

教育や研修の指標に関してカークパトリックのモデルが有名です。それは、第1段階は反応（Reaction）であり受講者の研修の満足度です。第2段階は、学習（Learning）であり、その研修や教育の理解度や学習到達度です。第3段階は、行動（Behavior）であり、受講者へのインタビューや他者評価による行動変容です。第4段階は、結果（Result）であり、受講者や職場の業績評価です。防災教育で考えてみれば、防災教育の研修会に参加した受講者の満足度（第1段階）、豪雨や地震や津波の仕組みに関するテスト（第2段階）、災害発生時の

受講者の避難行動（第３段階）、地域で防災教育に取り組んでいれば災害発生時の地域の救命率（第４段階）です。

　防災教育の場合、第３段階・第４段階は災害が発生しなければ測ることができません。また、学習理解度や到達度を測るテストは、他者が能力を判定することに用いられることがあり、決して動機付けを高めることに結びつかないこともあります。自分の防災行動の備えはどこができていて、どこができてないのだろうか、とセルフチェックするリストなら、受け入れられやすいし、ある程度防災力を測ることができないかと考えたのです。

　防災行動自己点検尺度です。尺度とはものさしを意味します。尺度は信頼性と妥当性が確認されていないと良い尺度（ものさし）とはいえません。

　防災力を測る尺度としては、三つのカテゴリーがありました。備える行動（①）、災害対処効力感（③）、防災意識（②）です。

　①地域と家庭の防災行動達成度尺度（黒川・岡本・小山・岡部・中嶋,2014）食料備蓄・携帯ラジオ用意・避難場所確認・家族と連絡方法確認など10項目、②防災意識尺度（島崎・尾関,2017）被害想像力・現状危機感・他者指向性・不安・災害無関心５因子20項目「災害発生時に必要となる物資の具体的なイメージがある」など）、③災害自己効力感尺度（元吉,2018）自己対応能力因子（「災害時の混乱の中でも、比較的冷静でいられると思う」など６項目）対人資源活用力因子（「災害時に困ったことがあれば、知り合いに助けてもらえると思う」など５項目）です。

　備える行動は、その項目リストを点検することで、できていることとできてないことを確認できるので、防災行動をすぐに高めることができると考えました。一方、災害発生時を想定して適切な対処行動がとれるかどうかは、効力感尺度が適切だと考えました。

　しかし、備える行動に関する先行研究の項目には、災害トラウマの知識と対処や災害時の正常性バイアスなどの心理を事前に学ぶ行動を含む尺度はみつかりませんでした。

　そこで、防災教育と心のケアの講義のなかで、大学院生に協力してもらい、

項目の精査を重ねました。その結果、15項目の備える防災行動尺度を作成しました。東日本大震災被災3県600人のデータの分析の結果、心理教育、空間情報、生命維持、地域防災の4カテゴリーから構成されることがわかりました（表2）。統計結果を詳述した論文を作成中です。

　また、中学生版備える防災尺度は古山・冨永(2020)に公刊しています。また、防災教育や心のケアに関するハンドブックはこれまで数多く発信されていますが、両者を一体で行う理論と方法について取り上げたガイドブックはありませんでした。そこで【「防災教育」と「心のケア」のセットで支える子どものサポート・ガイドライン】を定池祐季先生らと作成しました（冨永・定池・柿原・田中、2019）。被災地の防災教育担当の先生方へのアンケート調査の自由記述から主なQ&Aを構成していますので、参考にしてください。

表2　備える防災行動尺度 (0；全くしていない；1わずか；2少し；3かなり；4すごく；5十分にしているの6件法)

	項目ラベル	項目内容
心理教育	P10心身回復	災害後の心とからだの変化や、どうすれば回復できるかについて学んだり調べたりしている
	P8リラックス法	イライラしたり眠れない時のためのリラックス法をいろいろな機会に実践している
	P12正常性バイアス	危機が迫っている状況でも人は逃げない心理(正常性バイアス)があることを学んだり調べたりしている
	P13警戒レベル	警戒レベルに応じてどのような避難行動をとればいいかを、家の人と話し合っている
	P5災害情報	SNS(TwitterやFacebook等)や防災速報アプリを活用して、日頃から災害情報を収集している
	P14空振り	空振り(避難したが被災せず)は良い訓練になると人に話している
空間情報	P6ハザード	ハザードマップを用いて、自宅が津波・大雨・洪水・土砂などの危険な場所かどうか確認している
	P11避難所	地域の避難所が、地震・豪雨・浸水など、どの災害の避難所かを確認している
	P15防災サイト	気象サイトや防災情報サイト(気象庁、NHKなど)を日頃から見ている
生命維持	P3食料保存	数日間過ごせる量の飲料や水などを用意している
	P4持ち出袋	外に避難をするときに持ち出すリュックなどを用意している
	P1転倒防止	背の高い家具(タンスなど)や家電(テレビや冷ぞう庫)が倒れないように固定している
	P2避難会話	浸水・津波・土砂など災害発生の恐れがある時には、自分や家の人がお互いどこに避難するかを話している
地域防災	P9自主防災	地域の自治会等の自主防災組織の活動(まち歩き、防災講演会、図上訓練、避難訓練など)に参加している
	P7地域活動	地域の活動(清掃や地域イベント等)に、日頃から進んで参加している

参考文献

1　古山暢尋・冨永良喜；学生を対象とした防災行動評価尺度の 開発及び妥当性・信頼性の検討：－「備える防災」に焦点を当てて－,防災教育学研究,1 (1),43-51,2020

2　黒川達矢・岡本辰夫・小山嘉紀・岡部一光・中嶋和夫；社員の防災行動とその関連要因の検討、日本科学教育学会研究会研究報告 .28 (7),33-38.2014

3　文部科学省；学校における子供の心のケア,2014
　（https://anzenkyouiku.mext.go.jp/mextshiryou/data/seikatsu07.pdf）

4　元吉忠寛；災害自己効力感尺度の開発,社会安全学研究 (9), 103-117,2018

5　島崎敢、尾関美喜(2017)、防災意識尺度の作成(1)、日本心理学会第81回大会発表論文集、p.69.

6　冨永良喜・定池祐季・柿原久仁佳・田中英三郎；「防災教育」と「心のケア」のセットで支える子どものサポート・ガイドライン,東北大学災害科学国際研究所防災教育国際共同センター,2020

コラム13：全学年で「心の健康授業」の制度化を　　　（冨永良喜）

■阪神・淡路大震災と神戸児童連続殺傷事件後の心の教育

　阪神・淡路大震災とその2年後に被災地・神戸で起きた中学3年生による児童連続殺傷事件は、日本中を震撼させ、日本の教育を根底から揺さぶりました。兵庫県教育委員会と神戸市教育委員会は共同で「心の教育緊急会議」を設置し、「心の教育の充実に向けて」（河合，1977）の提言を取りまとめました。その提言を受けてはじまったのが中学2年生の1週間の社会体験である「トライやるウイーク」です。当初、「中学生が保育園に来るの、こわい」という声があがり、この事業に対して反対の動きもありました。しかし、結果は「子どもは社会で見守り育てなければならない」という意識変革をもたらしました。そしてこの事業は今も兵庫県で継続されているだけでなく、全国に広がっていきました。この事業は、中学生が犯人であったという社会的トラウマを乗りこえる社会教育事業だったのです。

　もう一つの教育政策が兵庫県心の教育総合センターの設置でした。いじめ・不登校などで苦しんでいる子どもたちの教育相談センターの機能に加えて、予防的な教育を充実させることが目的でした。私は、主任研究員としてセンター長として、さまざまな心の教育の授業案を教員のみなさんと作成していきました。学校のストレスマネジメント研究、暴力防止教育、いじめ防止教育などの具体的な授業案を発信していきました。

　一方、国は「心のノート」を作成し、道徳の副読本として各学校に配布する事業をはじめていきました。しかし、「心のノート」は「道徳ノート」であり、「心の健康ノート」ではなかったのです。当時私に学習指導要領や道徳の内容についての知識が乏しかったことが悔やまれます。

■東日本大震災と大津いじめ自殺事件後の道徳の教科化

　阪神・淡路大震災以来、台風23号（2004年10月）、インド洋大津波（2004年12月）、中国四川大地震（2008年5月）と国内外で災害後の心のケアに

従事してきました。台風23号の豪雨災害は豊岡から洲本まで広域に被害をもたらしました。災害直後は生活の復興に力をいれ、1ヶ月前後にストレスチェックを実施し、ハイリスクの児童生徒を発見してスクールカウンセラーの個別面談でサポートするという仕組みを整えていました。しかし、この支援モデルでは十分ではなく、クラス単位でストレスマネジメントの授業を担任とスクールカウンセラーが共同で行い、クラスの全ての児童生徒に5分から10分の担任教師による個別面談と、ハイリスクの児童生徒にはスクールカウンセラーによる個別相談を行うことが重要だということがわかりました。すなわち、児童生徒が自分のストレスやトラウマに気づき、望ましい対処により、ストレスとトラウマをコントロールする力を育むことをサポートするのです。そして、いつも身近にいる教師が心のケアの知識と方法を学べば、多くの子どもは自らのストレスやトラウマをコントロールすることができ、一部のコントロールが難しい子どもにはスクールカウンセラーや医療にてサポートするという仕組みです。そして、災害後にストレスやトラウマの症状が減衰しない子どもは、災害以前に虐待的養育を受けていた、ひどいいじめを受けていた経験があることがわかっていきました。そのため、災害前すなわち平時の心のケアの重要性に気づいたのです。

　東日本大震災後に被災3県に心のサポートプログラムを提案しました。とりわけ岩手県教育委員会は全ての児童生徒にストレスとトラウマのチェックリストを毎年実施し、それはストレスマネジメント授業の中で実施し、ストレスチェックを受けて教師やカウンセラーが個別面談を行うという心のサポート事業を10年間展開していきました（冨永,2014）。

　一方、いじめを苦にした大津自殺事件（2011年）を契機に、いじめ・自殺防止を標榜し文部科学省は道徳を教科にしました。「心のノート」をベースに道徳の教科書が作成され今日に至っています。災害をテーマにした良い教材もありますが、いじめ加害者が被害者に謝罪したかどうかわからない教材や、暴力を肯定する教材、人を殺しても善行積めば許されるといった教材も含まれています。お子さんがおられる方は、道徳の教科書をお読みになられるといいと

思います。被災地で行ってきたストレスマネジメント授業は、道徳の時間には行えないようになりました。

■心の健康授業は総合的な学習の時間で

　ストレスを学ぶ授業は保健の心の健康の時間に位置づけられています。しかし、小学5年生に3時間、中学1年生に4時間のみで他の学年には心の健康の時間はありません。道徳の授業時間は小中9年間で314時間ありますが、心の健康授業はわずか7時間です。一方、この10年子どもの自殺は増加の一途です。道徳のみで、いじめ・自殺防止を行おうとした教育政策は過ちです。

　阪神・淡路大震災、東日本大震災という大災害を経験した日本は、子どもの心の健康を育む教育政策の過ちを是正しなければなりません。ちなみに、中国は四川大地震後、四川省教育庁は道徳教師を対象に、中国科学院心理学研究所のスタッフが心理健康授業案の研修を実施し、心理健康教師を育成し、2008年9月から心理健康授業を必須にし、心理健康授業は中国全土に広がりつつあります。

　全学年でどのような心の健康授業案があるかを少し紹介します（冨永ら，2015）。小1から暴力を使わない怒りの表現を学ぶ、自他尊重の言い方を学ぶ、小学高学年から中学生・高校生では、試験や試合を乗りこえるメンタルトレーニングを学ぶ、暴力トラウマが心身にどのような影響を及ぼしどうすれば回復できるかを学ぶ、失敗したときの心のつぶやきを学ぶ、親子ストレスについて学ぶ、いじめとストレスについて学ぶ、つらいことが浮かんだとき自分を傷つけないで対処する方法を学ぶ、デートDVの仕組みを学ぶ、自責や厭世の心のつぶやきを抱えたとき他のつぶやきはないか探すことを学ぶ、災害後の心のケアを学ぶ。それらは、道徳の時間では学べません。

　コロナ禍で子どものストレスは過去最悪であり、次の学習指導要領の改訂まで待てません。2021年3月8日参議院予算委員会で、伊藤孝江議員が私たちのコロナ中傷差別防止授業を紹介され、全学年で心の健康・ストレスを学ぶ時間の確保を要望しました。文部科学大臣は「保健体育科以外にも総合的な学習

の時間においてストレスを課題にして教科等横断的に探究的な学習を行う、特別活動の学級活動でストレスを含めた心の健康について問題としてとりあげ解決方法の話し合いや意思決定を行うことができる」と答弁しました。これは画期的な答弁です。総合的な学習や道徳、保健体育や理科などの教科の時間を活用して、教科横断的なカリキュラムを構成することを文部科学省は推奨しています。

　最近伊丹市立花里小学校の投石悠一教諭が4年生に兵庫県教育委員会の道徳副読本「南三陸にさくはるかのひまわり」を教材に授業をされました。事前に授業の助言をと依頼され、その教材を読むと、「津波で家族が行方不明になった牧野さん、大好きだった海をみることができなくなった」とあり、これは回避への絆によるチャレンジがテーマだと思いました。授業の後半で、事前に実施していたストレスとトラウマのチェックリスト（岩手版から8項目）の「つらかったところをおもいださせるところには、ちかづかない」という回避の項目に小4学年の児童の40％が、「少しある・かなりある・ひじょうにある」どれかに○をしていたことを示すスライドをみせると児童たちはとても驚いていました。道徳は主人公の身になることで、わがこととして考える時間が少ないので、「防災教育と心のケア」を年間カリキュラムで構成し、心の健康の時間で、さらに回避の意味や、少しずつチャレンジすることの大切さを深めることができると思いました。

　そして、次の学習指導要領改訂では、心の健康と道徳の2本柱をバランスよく授業時間を構成し、災害後の心のケアがすみやかに展開される日本に、いじめ・自殺防止の予防教育が充実した日本に、変えていこうではありませんか。

参考文献

1　河合隼雄；心の教育の充実に向けて ,1997
　　（https://www.hyogo-c.ed.jp/~inochi/pdf/0/1997_3.pdf）
2　冨永良喜；災害・事件後の子どもの心理支援 - システムの構築と実践の指針
　　創元社 ,2014
3　冨永良喜編；ストレスマネジメント理論によるこころのサポート授業ツール集，　あいり

出版 ,2015

4　兵庫県教育委員会；防災教育副読本（小学生編；明日に生きる）2012
（https://www.hyogo-c.ed.jp/~somu-bo/bosai/shou-fuku.html）

防災教育プログラムに対する 学生の意見・評価 －受講生へのアンケート調査結果－　　紅谷 昇平

■4-1　アンケート調査について

　兵庫県立大学防災教育研究センターでは、2011年に防災教育センターとして発足してから、防災教育ユニットとその後継である副専攻防災リーダー教育プログラム、被災地でのボランティア活動、学生災害復興支援団体 LAN との連携活動等を通して、多くの学生が防災を学び、社会へと巣立っていった。今回、10年の節目として、本センターで防災を学んだ学生から、センターの防災教育プログラムに参加した動機や感想、今後に向けた改善点等を把握するため、アンケート調査を実施した。アンケート調査は、本センターで防災を学んだ卒業生や在校生に対して電子メール等で2021年3月に呼びかけ、インターネットで回答してもらう形式とし、99名から回答を得た。

■4-2　回答者の特徴

（1）大学入学年

　アンケート回答者は、調査時（2021年3月）に3年生であった2018年入学の学生が全体の約四分の一を占め、その他の入学年からは各5～10％程度の回答があった。センター設立直後に学んだ卒業生から現在の在学生まで、幅広い世代の学生から協力を得られた。

表4-1　アンケート回答者の入学年（単一回答、n=99）

2010年以前	9%	2016年	5%
2011年	8%	2017年	13%
2012年	10%	2018年	23%
2013年	10%	2019年	8%
2014年	6%	2020年	0%
2015年	6%	無回答	1%
		合計（n=99）	100%

（2）参加した教育プログラム

　回答者のうち、大学の正規の防災学習プログラムである防災教育ユニット（一般専攻・特別選考）または副専攻を受講した割合が計 63％、学生の自主活動である LAN や災害ボランティアのみに参加した割合が計 37％であった。

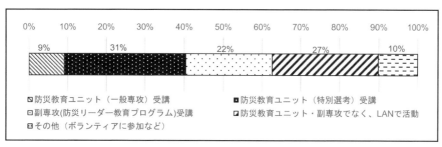

図4-1　参加した防災教育プログラム（単一回答, n=99）

（3）所属学部

　回答者の所属学部は、最多が看護学部（35％）であり、これに環境人間学部（23％）、工学部（19％）、理学部（10％）と続いている。正規の教育プログラムである防災教育ユニットまたは副専攻を受講した回答者では、看護学部の比率が 44％とさらに多く、これに環境人間学部（26％）が続いている。一方、LAN またはボランティアのみ参加の回答者については、工学部の比率が 38％と高い。工学部は、姫路工学キャンパスが神戸防災キャンパスから離れている

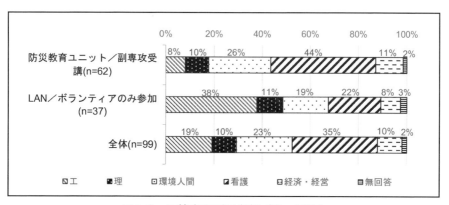

図4-2　回答者の所属学部（単一回答）

ことに加え、実験・実習等が多く防災教育ユニットや副専攻の受講に不利な要因がある。そのような状況であっても、少なくない学生が LAN やボランティア活動を通して、防災に関わっていたことが分かる。

（4）現在の職業

　回答者のうち大学在学生が 40% で最も多かった。社会人である回答者については、会社員が最も多く 31%、次いで公務員が 14% であった。

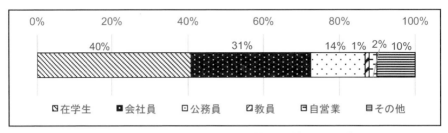

図4-3　回答者の現在の職業（単一回答、n=99）

▌4-3　教育プログラムへの参加動機

　防災教育研究センターの教育プログラムに参加した動機としては、「ボラン

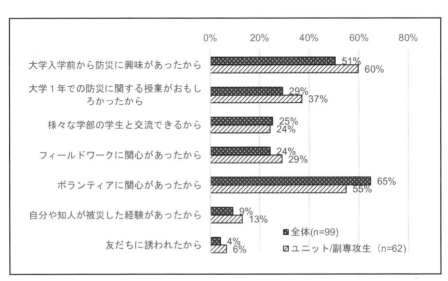

図4-4　教育プログラムへの参加動機（複数回答）

ティアに関心があったから」、「大学入学前から防災に興味があったから」という回答が特に多くみられた。さらに防災教育ユニット / 副専攻の受講生については「大学 1 年での防災に関する授業がおもしろかったから」（37％）という回答も多く、 1 年時に魅力的な防災関係科目を提供し、関心を高める大切さが分かる。（図 4-4）

　次に、所属学部別に参加動機の違いをみていきたい。「大学入学前から防災に興味があったから」をあげる学生は看護学部、環境人間学部、理学部で多く、「ボランティアに関心があったから」をあげる学生は工学部、理学部、経済学部・経営学部で多くみられた。また、「様々な学部の学生と交流できるから」は理学部、経済学部・経営学部、工学部で、「フィールドワークに関心があったから」は経済学部・経営学部、理学部で多い傾向がみられた。（図 4-5）

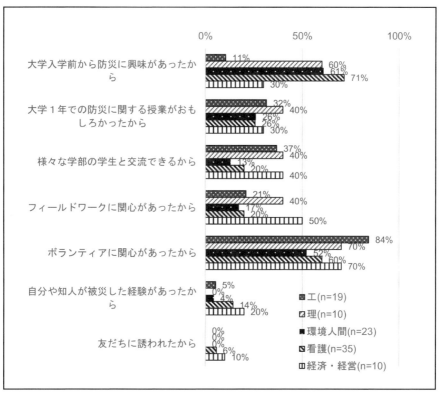

図4-5　教育プログラムへの参加動機（複数回答、学部別）

■4-4　教育プログラムへの評価

（1）全体的評価

　本センターの教育プログラムを、「良かった」から「良くなかった」の5段階で評価してもらったところ、「良かった」が約9割、「どちらかと言えば良かった」が約1割で計100%であった。「どちらとも言えない」、「どちらかと言えば良くなかった」、「良くなかった」という回答はゼロであり、全体として評価は高かった。

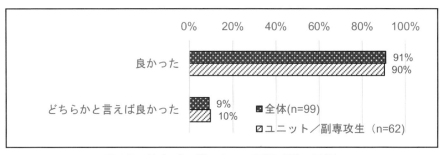

図4-6　教育プログラムへの評価（単一回答）

※「どちらとも言えない」、「どちらかと言えば良くなかった」、「良くなかった」という
　回答はゼロ

（2）参加して良かった点

　本センターの教育プログラムに参加して良かった点としては、全体では「被災地・被災者の状況が理解できた」（84%）、「災害や防災の知識が身に付いた」（82%）という回答が多く、フィールドワークと座学がミックスされた本センターの教育プログラムの特徴が反映された結果となった。また「よい友人・仲間に出会えた」（67%）という回答も多く、フィールドワークやグループワーク等を通して学生相互の交流が活発であることが分かる。（図4-7）

　また、「その他」の自由回答では、「ボランティア以外にも、被災地に旅行に行く、特産品を購入するなど応援の形があると分かった」、「東北の現状を自分ごととして捉えられる機会になった」、「地域の防災行事やプロジェクトなどに参加できた」、「プレゼンやグループディスカッションに挑戦する機会があっ

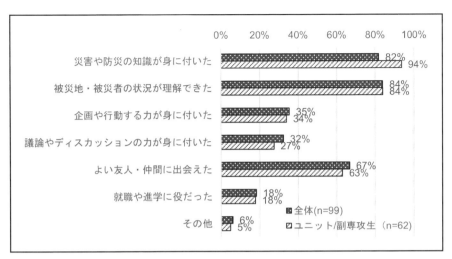

図4-7　活動に参加して良かった点（複数回答）

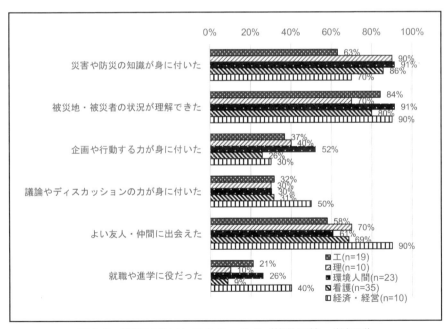

図4-8　活動に参加して良かった点（複数回答、学部別）

た」、「初対面の人とも臆することなく話せるようになった」、「議論やディスカッションの力が身に付いた」などの意見が寄せられた。

　なお、学部別に傾向の違いをみると、「災害や防災の知識が身に付いた」は環境人間学部、理学部、看護学部で多く、「企画や行動する力が身に付いた」は環境人間学部で多かった。また、経済学部・経営学部の学生は、他学部に比べて「よい友人・仲間に出会えた」、「議論やディスカッションの力が身に付いた」、「就職や進学に役立った」を挙げる割合が高い傾向がみられた。（図 4-8）

（3）参加して大変だった点・困った点
　活動に参加して大変だった点としては、「HAT 神戸までの通学が負担だった」を約 6 割の学生が挙げており、特にキャンパスが離れている理学部学生は 9 割が挙げていた。次いで「授業や課題に時間がかかった」が全体で 13%、ユニット／副専攻生で 19% であった。

　また、「その他」の自由回答では、「プログラムにおいて、自学部の知識を活かしきれなかった」、「防災士資格が取得出来ない」、「福島派遣の許可が両親から得られなかった」、「震災直後であり、ボランティア活動の内容が限定的だっ

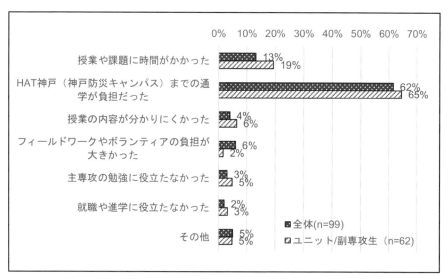

図4-9　活動に参加して大変だった点・困った点（複数回答）

たように感じた」、「初めは何をしていいか分からなかった」、「友達と参加した
わけではなかったので、当初は知らない人ばかりで不安だった」などの意見が
あった。

▌4-5　教育プログラムでの思い出・成長した点

(1) 最も思い出に残っている出来事

　本センターの教育プログラムで最も思い出に残っていることを自由記述で回
答してもらったところ、東日本大震災の被災地である福島県や宮城県でのボラ
ンティア活動など様々な地域を訪問したフィールドワークに関する記述や、防
災キャンプやディベート大会など学生が協力しあいながら主体的に取り組んだ
活動が挙げられた。これらは防災教育ユニットや副専攻で特に力を入れている
活動であり、学生の記憶にも強く残っていることが分かる。（表4-2）

表4-2　本センターの活動で最も思い出に残っている出来事

東日本大震災被災地訪問	福島県でのボランティア活動で、被災地の状況を直接感じられたこと。
	福島で、街のリーダー的存在として困難な状況でも前向きな気持ちで事業を展開していた方の話。
	宮城でのボランティア活動（スマイル健康塾、側溝掃除等）
	初めて東日本の被災地に行ったあの気持ちや衝撃は忘れられない。出会った人も、話した内容も覚えている。
	宮城や福島に何度も訪れたことで、より被災地や被災者の方の状況を知ることができ、災害がより自分に身近なこととして体験できた。
	1番の思い出はやはり南三陸町でのボランティア活動です。 南三陸町に行く前までは、まだ瓦礫が残っている町を想像していましたが、実際に南三陸町に行けたのが震災から丸2年以上経過していたこともあり、テレビで見た映像のような瓦礫はなく、想像とは違うなぁと思った記憶があります。ただ、同時にそれだけ復興の経過に対する報道が少ないことを表しているのだと思いました。 活動をしていくと、言葉にできないような経験をされてきた南三陸の皆さんから逆に元気をもらうことが多く、私の中では「被災地」

	というイメージよりも「会いたい人がいる楽しい場所」というイメージの方が強く残っています。中でも印象に残っているのは、最初はこのボランティアのこともあまりよく思っていなかったというお話でした。でも森永先生がきっかけを作り通い続け、関係を築き上げてきたからこそ、そして先輩方がその意思に同調してこの活動が続いてきたからこそ得られた信頼なのだと思い、とても感動しました。人と人のつながりの大切さを強く感じた出来事でした。最近は大学生の時のように時間がないのでなかなか行けていませんが、またいつか南三陸の皆さんに会いに行きたいと思っています。
フィールドワーク・ボランティアへの参加	広島や福島でのボランティア活動です。テレビ等では報道されない被災地の現状を肌身に感じました。知っているつもりで知らなかったことを思い知らされ、より防災や復興について考えるきっかけになりました。
	学生主体で行った防災キャンプ。自分では企画していたつもりが、全然できていなくてトラウマとして残っています。相手がいる時は覚悟と準備が必要なことを学びました。
	淡路島の福良で津波フォーラムに参加し、防災劇に出演したこと。地域住民が主体的に防災・減災に取り組んでいることを知った。
	あまおだ減災フェスに参加したこと。
	2019年夏の坂町励ましボランティアに参加したこと。
様々な交流や言葉	シンポジウムの開催や参加などを通して、自分の大学だけでなく他大学の人とも交流を持って、いろんな取組みをされている方に出会えたことで世界が広がったと思う。
	ボランティア活動に行った時、自分が「何かをした」というよりも、現地の方々から「大事なことを教えてもらった」「貴重な経験をさせてもらった」「元気をもらった」など「してもらった」ことのほうが多かったこと。
	防災ディベート大会や津波フォーラムなど、メンバーと同じ目標に向かって活動したものはどれも印象に残っています。
	被災地に出向いて現場を目にし、その地域の方のお話を実際に聞いたこと。授業では様々な専門分野の先生方に講義していただき、多方面からの知識を身につけることができた。
	募金だと細部にまで行き届かないので、支援を考えてくれているなら、物を買って欲しい、それだと支援が直接届くと言われたこと。

（2）成長した点・社会に出てから役立った点

　本センターでの活動を通じて成長した点や社会に出てから役立った点については多様な回答が寄せられたが、学習指導要領の3つの柱である「知識及び技能」、「思考力、判断力、表現力など」、「学びに向かう力、人間性など」に大きく分類し、表4-3に整理した。

　「知識及び技能」については、パソコンの使い方や防災に関する知識等が身に付き、仕事の場で役立ったという回答があった。次に「思考力、判断力、表現力など」については、議論やディスカッション、プレゼンテーション等の表現力や自分の意見を他者に伝える能力、イベントの企画やコミュニケーション能力等が身に付いたという意見や、災害現場で深く考えるようになったという意見等が寄せられた。最後に「学びに向かう力、人間性など」については、被災者に寄り添う姿勢や主体的な関わりの大切さ、相手を思いやる力・共感性、行動力、積極性、継続する活動の重要性、決めたことをやり抜く力などのキーワードが挙げられていた。

　全体として、知識や技能よりも、思考力、判断力、表現力、さらに学びに向かう力、人間性等に関する回答が多かった。フィールドワークやボランティア、グループディスカッション、ディベートなど様々な学びのスタイルをミックスした防災教育研究センターのカリキュラムを通して、学生の成長や学びの成果が十分に伝わってくる内容であった。

表4-3　本センターでの活動で成長した点・社会で役立った点

知識及び技能	パワーポイントなど PC スキルを活かしたプレゼン。
	ディベート大会の経験などから、議論やディスカッションをする力が身についた。
	防災の知識が身につき、日常生活で防災について考える機会が増えた。
	被災地の現状を、メディアを通してではなく自分で確かめられた事と、防災について意識を高めることができ、他人にも周知することができた。

	防災に関する知識や現状を知ることで、日ごろ目にする防災や災害に関する情報の見え方が深くなったと感じています。また地域の中のつながりの強さの重要性を理解できたことが、いま個人で行なっている地域の人との活動に少なからず役立っています。
	災害支援に関する仕事（研修企画など）を担当する機会もあり、ボランティアで学んだ被災者の方の生活や思いなどが予備知識として役に立っている。
	養護教諭に転職する際に、防災の知識があるか面接で聞かれた。それが決め手で合格をもらった。
	正しい知識を得たことによって災害に対する漠然とした不安が薄くなり、災害時にどう動くべきか選ぶ選択肢が増えた。
	会社の先輩に、自宅から避難所までの経路を考えるときの注意事項について問われたときに、すぐに答えることができた。
	自助・公助・共助の視点を得ることができた。勤務中地震があった際に、落ち着いて指示を出すことができた。
	職場で防災訓練を行った時に基礎知識があり、理解しやすかった。
思考力、判断力、表現力など	たくさんの人と交流する、発表する機会が多かったので、コミュニケーション力が高まったと思います。初対面、年齢層に関わらず、以前と比べてどんな人とも話せるようになりました。
	人前で説明したり、はじめて会う人と話す際に、プレッシャーが減った。
	人前で自身の意見を相手に伝わるように発言できるようになった。
	いろいろな人と話す力が身についた。
	自分の意見を周囲に伝えること、協調性など。
	接点の少ない学生同士での企画は難しいことも多々あったが、限られた時間内で人との関係を築いたり深めたりすることを学んだ。
	ボランティア活動などを通して人との関わり方を学べたので、今の職業で活かせていると思う。
	相手があっての活動が多かったため、どうしたら相手に伝わるか、楽しんでもらえるかを考えて行動する点が役に立っていると思います。

	メンバーと意見を出し合い、企画、運営し、発信していくこと。
	初対面の人と話す力がついた。
	もともと人見知りするタイプでしたが、せっかくボランティアに行くのに話さないのでは意味がないと思い、行動していたことで、初対面の人と話すことが苦手ではなくなりました。現在、仕事(営業支援)で社内外問わず初対面の人と深い話をしなければならないことが多々あるので、とても役立っています。
	連絡事項の書き方を学んだ。会議での様々な意見をまとめることができた。人に頼ることができた。
	現地を見て何故そうなっているのかを考えるようになった。
	災害関連のニュースが流れると自然と関心が向くようになったこと。防災教育ユニットに参加していたからだと感じる。
学びに向かう力、人間性など	継続して人の心に寄り添うことの大切さを学びました。LANに入る前は、ボランティアといえば瓦礫撤去のような目に見える活動という印象を持っていました。しかし、LANで福島県を訪れたり、代々活動を続けてきた先輩方の想いを知ったりしていくと、目に見える復興だけでなく継続的に心の復興まで寄り添うことが大切であると気づくことができました。また、主体性を持ち、相手の考えていることを想像しながら人と関わることで、訪問の回数が増えるごとに顔を知っている人も増えて、お互いに離れていても気にかけ合う関係になれたことも嬉しかったです。現在でも人と関わる上で、ボランティア活動で学んだ人との関わり方が活きていると思います。
	被災地でもボランティア活動や防災イベントでの人と触れ合う機会を通して、人と人との繋がりをもっと大切にしたいと感じるようになった。また、被災してから人生観が変化したという話を耳にして、もっといろんな人の価値観や信念を知ってみたいと感じ、これから人と接する仕事をするため、そこに活かしていきたいと思う。
	防災教育を受講して、被災者のためにできることを探すようになった。福島派遣だけでなく、九州豪雨災害の時は自らの足でボランティアに向かった。熱い思いを持つ仲間たちと共に活動することで非常に良い刺激となった。相手を思いやる力や行動力が身についた。
	今まではボランティアがあればやりたいという受け身的な気持ちだったが、積極的にボランティアや防災に関わろうという気持ちになった

成長した点は、同級生や先生方、そして地域の皆様と関わることで、人の温かさを感じることができ、人を大事にしようと思えたこと。社会に出てから役立ったこととしては、自分が働いている職業（助産師・看護師）と防災を関連付けて考えるようになった。例えば、患者さんと関わる中で、こういう災害が起きたときは、この患者さんはどうやって避難させようか、また、災害に備えて、この病棟では何を備えるべきかなど。

災害について これまでは他人ごとのように考えることが多かったが、座学やフィールドワークを通してより関心を持って向き合うことができるようになった。

年齢や考え方などが違う様々な人達と、一緒に協力しながら活動することの大切さに気づくことができました。

色々な所で起こる災害などに対して、他人事ではなく自分のこととして感じることで、共感性が強くなったように感じる。働いてる上でも、様々な年齢や境遇の方と話をするときに、ボランティアでの経験や被災地の話は興味を持たれることもあり、話のきっかけとなった。

継続して活動する事の重要性を学べたことが、最大の成長点です。継続して活動する事によって、福島の方々と関係性を築く事ができました。

自主性が身についた。

行動する力がついたため、様々なことに挑戦するきっかけになった。

通学などの負担はあったが、決めたことをやり抜く力に繋がったと思う。

餅つき大会やハロウィンなど地域の活動に積極的に参加するようにしています。身近な防災はご近所付き合いからと考えています。

行動力がついた。実際に被災地に行って、被災地の状況を知ったり、被災者の方々と交流したりしたことでボランティアから戻ってきた後でも、ニュースなど関心を持って情報を受け取ることが出来た。

防災を意識して生活するようになった、近所付き合い等人との繋がりを意識するようになったと思う

積極的に人とコミュニケーションを取ろうと思うようになれたことは良かったです。

	自分に何ができるのか、問い続けている。
	困難な状況でもそれに巻き込まれずに前向きに取り組む人々の姿を見た経験が、自分が困難な状況に遭った時もめげずに明るく前向きに頑張ろうという気持ちにさせてくれ、勇気づけてくれること。
	防災でも、日常生活においても、誰かがしてくれるという意識ではなくて、自分がしなければならないと思えるようになった。

▌4-6　今後への期待・改善点

　本センターの教育プログラムに関する今後への期待や改善点については、カリキュラムの特徴であるフィールドワークやボランティア、グループディスカッション等の実践的な教育を改善、継続して欲しいという意見、学部横断的・学校横断的な交流や連携を進めて欲しいという意見、通学負担の軽減やオンライン講義の充実を求める意見、コロナ禍による学生間の交流機会や現地訪問機会の不足への悩み、様々な仲間との協働や新しいチャレンジの機会の場としての期待などが寄せられた。（表 4-4）

表4-4　本センターへの今後の期待や改善してほしい点

ボランティア、フィールドワーク、ディスカッション等の実践的な教育	ボランティア組織がどのように成り立っているのか (受付や配置の指示など) は気になる。
	フィールドワークを今後も多く続けていただけると幸いです。
	ボランティアでは様々な経験ができ、成長することができるので、これからも防災教育研究センターで行われている活動が継続してほしいと思います。
	福島での活動は防災教育センターがある限り続けて頂きたいです。私自身、社会人になった今でも福島の為に何かできる事は無いかと模索しています。
	ボランティア活動は是非今後も続けていただきたいと思います。学生にとって学べることが沢山あると思います。あとは、たまにOBOG にも「どういった活動をしてきたよ」、「次はいつ行くよ」という情報が入ると、なかなか行けない中でも南三陸町を身近に感じられると思います。

	被災された方の実際の話や、ご遺族の方のお話がとても印象に残っているため、人と人が会って話をしたり聴いたりする機会は貴重だと思います。
	実践的なことは多いほどいいと思う
	まち歩きが中心だったので、もっとボランティア活動が多いと良いと思う。また、防災キャンプはゲームなどの進行・運営の準備不足だった記憶があり、リハーサル等が必要だと感じた。防災キャンプでは、LAN所属の学生とそうでない学生とで、子どもとの関わり方や活動内容が違っていたが、それを「子どもと主体的に関わっていない」と受け取られたのは残念だった。また、防災という命を守るための教育をしているのだから、熱中症は命に関わるということについても考えて気を付けて欲しい。
	実践的な学びができた点はとても力になったので、これからも座学だけでなく実践的な学びを続けてほしいと思います。また、コロナ禍によって授業形態や今後の防災の考え方が変わったと思います。学生とともに授業をつくってみると、学生も先生方も気づきや学びを得られて面白いのではないかと思います。
	2年生の時からもう少しフィールドワークやディスカッション、発表などがあれば、途中でやめずに意欲的に学べたのではないかなと思います。
	プレゼンやグループディスカッションなどの機会が多くあったため、自分の考えをまとめたり、発信する方法を考える機会となり、より主体的に取り組むことができたと思う。理学部での授業では自分から何かを発信する機会がほぼないので、貴重な機会だった。主体的に取り組み、考えて発信する力を身に付けられるプログラムを期待したい。
学部横断的な交流・連携	引き続き学部を超えた繋がりを持てるような活動を期待しております。
	全学部を対象にした授業を継続して、防災の啓発活動を続けてほしい。防災士資格が取得できるプログラムを組んでほしい。
	看護学部の先生が、災害時の活動について話してくださる機会がありよかったと感じました。そのように防災以外の学部の先生が、それぞれの分野での災害時やそれに備えた活動に関する講義があればいいなと思いました。
	他の学部でも単位として認定されたら受講しやすくなると思います。

	他大学の学生と交流する機会があればよいのではないかと思います。	
オンライン授業・通学負担軽減	看護学科の学生にも、多様な学生が受講しやすいようにオンライン講義の導入や理学系、工学系など他分野の授業が増えれば良いのではないかと思います。	
	交通費の負担もしくはリモート講義の継続。	
	オンライン・対面併用型の時は、それぞれで意思疎通ができているか確認して欲しい。	
	授業を HAT 神戸以外の自分の学ぶキャンパスなどでも行ってもらえたら、通学しやすくなると感じる。	
コロナ禍の影響と対応	コロナ禍のために予定どおりとはいかなかったところも多々ありました。県をまたいでの移動ができないことや 大人数で集会ができないことへの代替策をいろいろ試行錯誤してみてください。	
	コロナの影響もあって、他学部の学生とあまり交流を深められなかったのが残念でした。	
	私たちの学年はコロナの影響であまり活動できなかったので、少しでも活動できる機会があったら活動できるようにしてほしい。	
その他	様々な方面で新しいチャレンジができる環境が本当にありがたかったです。自信を持つことにもつながりました。これからも学生が思い切ってチャレンジしてみるきっかけとなる環境であれば嬉しいなと思います。	
	大学時代にたくさんの経験をし、柔軟な思考を持つことのできる環境で色々な事を学び、今後起きうる災害に備え、たくさんの人々の助けになれるような人材が育っていくことを期待しています。	
	過去の経験をどのように未来へ活かしていくかを考えて欲しい。	
	地域の中で仲間を見つけて協働（共助）していくことや、地域社会から孤立しがちな方へのアプローチの仕方などを具体的に学べると、社会に出たときに、より役に立つ力になると思います。私自身も仕事をするなかでそういった課題に直面することがあり、専門職としての関わりに限界を感じる部分もあり、一住民としてできることはないかと考えているところです。そういった点で、看護分野との連携なども在学中に学べれば、なおよかったと感じます。	

▌4-7　おわりに

　今回のアンケート調査で、幅広い世代・学部の学生や卒業生から貴重な意見を数多くいただいたことに、改めて感謝したい。多くの意見、特に自由回答で寄せられた意見を読むと、一人ひとりの学生が自分なりに防災を通して地域社会や被災者、他の学生と関わり、考え、成長していく様が感じられた。大学生という多感な時期に、副専攻として防災を学ぶことの意義や大切さを、改めて確認することができた。寄せられたご意見やご期待に応えられるよう、今後もセンターとして防災教育への取組を進めていきたい。

III

地域と連携した大学の活動

5 淡路島（南あわじ市）での実践

森永 速男

▊5-1 はじめに

　南海トラフを震源とする巨大地震は最短 90 年から最長 265 年の間隔で、また過去 600 年間では 100 年程度の間隔で発生している。前回の昭和南海地震（1946 年 12 月）の発生から 70 年以上の年月が経過し、被害が想定される地域では行政、地域や専門家などにより、ハード・ソフトの両面から防災・減災対策が行われている。兵庫県の南端に位置する南あわじ市では、以下のように県下で最も大きな揺れと津波の被害が想定されいている。

　　① 市域の約 7 割において震度 7 もしくは 6 強の揺れが発生する。

　　② 地震後、40 分程度で津波の第一波が沿岸部に到達する。

　　③ 福良湾での津波高は T.P.（東京湾平均海面）+8.1 m で兵庫県下最大となる。

　　④ 建物の全壊棟数は 1 万 1 千棟超となる。

　このような大きな被害想定のある南あわじ市においては事前の防災・減災対策が重要となる。防災教育研究センターは、2012 年度から始まった兵庫県立大学地（知）の拠点整備事業（COC 事業）「ひょうご・地（知）の五国豊穣イニシアティブ」の中の「地域防災・減災系プロジェクト」を 5 年間担当した。また、その直後の 2017 年度から兵庫県淡路県民局から依頼を受けて福良地区防災フェスタ実行委員会が主催する「福良津波防災フォーラム」の企画と運営を担っており、これらの取り組みを通して南あわじ市の防災・減災対策に関わってきた。なお、COC 事業では神戸市垂水区の舞子地区も対象として南あわじ市と同様の取り組みを実施したが、ここでは南あわじ市における取り組みについて紹介する。

　これらの取り組みには兵庫県立大学防災教育ユニット特別専攻生（2017 年度から防災リーダー教育プログラム副専攻生）や兵庫県立大学学生災害復興支援団体 LAN(Leaders' Active Network) の学生にも加わってもらい、彼らの防災

リーダーとしての心や技能を育成することも目標としてきた。

■5-2　災害に強い地域やまち

　災害時に機能する力には「公助」、「共助」、そして「自助」があると言われている。現実には、一般市民の多くは「公助」に期待していて、「共助」や「自助」の重要性に気付いていないふしがある。確かに、大規模災害時の消防、警察、そして自衛隊などの活躍はマスコミを通して目に入りやすいため、救援活動の多くをそれら「公助」が担っているように見えるかもしれない。しかし、阪神・淡路大震災の時には、家屋などに閉じ込められた被災者の四分の三は地域住民によって救出された。また、広域的な大規模災害であった東日本大震災の場合には、「公助」による救助活動がすぐに届かない地域もあった。私たちセンターが支援活動を行ってきた宮城県南三陸町歌津地区では1週間程度周囲から孤立し、地元契約講（自治会と同様の組織）のメンバーが自力で救助や避難生活を運営したと聞いている。また、最初に救援物資を届けてくれたのは、いわゆる「トモダチ作戦」を実施していた在日アメリカ軍だったそうだ。

　これらの例でもわかるように、人命救助のリミットと言われている72時間に間に合わせるためには、「公助」ではなく、「共助」の働きが重要となってくる。対象地域である阿万地域や福良地域で今後最も起こりそうな大規模災害は、すでに述べたように南海トラフを震源とする巨大地震とそれに伴う津波である。これが発生する時までに地域住民の「共助」の心や力を育て、「助け・助けられる地域内の関係性」をこれまで以上に用意しておく必要がある。

　「共助」の心を育てるためにどのような取り組みが重要なのか？　そのためには、まず「自助」が達成できていることが前提となる。つまり、「自助」によって自分の命が無事でなければ、人の心は「共助」には向かない。まずは「自助」を達成し、「共助」の大切さを知っている、そのような人材を地域で育てておくことが重要と考える。

　「自助」の重要性に気付くために最も大切な要素は、自尊感情を持てるかどうかであると考えている。自尊感情とは「自分には価値があり尊敬されるべき

人間であると思える感情」のことであり、これは、幼少期からの家族や隣人とのふれあい（寄り添い）によって形作られていく。自尊感情が芽生えると、自分が「唯一無二」の存在として大切であると感じ、命を大切にするようになる。この心が育って始めて、他者の命も自分の命と同様に「唯一無二」の存在として大切にできるようになる。その結果、「共助」の心が芽生え、他者の命を守るための心やスキルが身についていくと考えられる。

「自助（自尊感情）」や「共助」の心が育つための環境としては、その人にとって生まれ育ったまちが「愛すべきまち」となっている必要がある。また、隣人が自分と好意的に関わってくれ、「愛すべき人たちだ」と感じる必要もある。つまり、「地元愛」や「人間愛」を感じられるような、健全な環境の地域やコミュニティがあることが重要となる。このような地域・コミュニティができあがっており、積極的にこのコミュニティに関わってもらえれば、地域住民に自ずと「自助」と「共助」の心が育つと考えられる。結果として、それが「災害に強いまち」に繋がる。

▍5-3　南あわじ市阿万地区における COC 事業

阿万地区で COC 事業として行った取り組みは以下のようなものであった。

① まちの魅力（歴史・文化・自然遺産）の発掘や危険箇所を把握するためのまち歩きの実施

② 災害メカニズム、防災減災・対策、被災者支援の方策やボランティアに関するセミナーやシンポジウムの開催

③ 災害時の困難な生活を体験し災害への備えを学ぶ、阿万小学校児童対象の「小学生×大学生　防災（サバイバル）キャンプ」の開催

④ まちの魅力づくり（阿万海岸の防潮堤壁画の作成）などの実施

⑤ 被害想定を変えた避難訓練の実施

阿万地域では、以前から津波を想定した避難訓練が行われてきたが、外部の大学などがほとんど関わらず形式的な訓練が主であったと聞いていた。一方、後で述べる同市福良地域では、京都大学や神戸大学などの外部機関が関わり、

地元自治会と協働で防災に関する対策や啓発活動を積極的に行っている。

　阿万地域とはこれまで全く関わりがなかったので、まずは参加する教員や学生が地域住民との間に信頼関係を作るための活動を実施した。具体的には、阿万地域内の小地区自治の役員と教員・学生が一緒にまち歩きを行い、さらに亀岡八幡神社春祭り（だんじり）に参加して（取り組み①）、地元の歴史・文化やまちの様子を学ぶことから始めた（取り組み②）。次に、「災害に強いまち」とはどのようなまちであり、そのようなまちを構築するために進めていく取り組みについて説明するゼミナールやシンポジウム（取り組み③）、そして地元小学生を招いて災害への備えを学ぶ防災（サバイバル）キャンプを開催した（取り組み④）。さらに、阿万海岸防潮堤に絵を協働で描く取り組み⑤などを通して住民と大学間の信頼関係を作りながら、それらの成果が出てきた段階で実践的な避難訓練（一時避難所や指定避難所である阿万小学校への避難、取り組み⑥）を行った。

取り組み①：亀岡八幡神社春祭り（だんじり）への参加［写真 5-1］

　地域住民と大学の教員・学生間の交流を目指して、毎年行われている春祭りに参加した。各2、3名の学生が阿万地域内9地区に分かれ、だんじり（布団太鼓）の準備から祭り終了までの過程に関わった。これは地域住民と大学教員・学生間の交流において大きな成果をあげたと考えている。

写真5-1　亀岡八幡神社春祭り

取り組み②：地元住民とのまち歩き［写真 5-2］

　大学側が地元の自然環境、歴史、そして文化を学ぶためであり、地域住民の「地元愛」を育てるための素材探しのための取り組みでもあった。また、住民が気

付いていない魅力を外部の人間が発見するという目的、さらに災害が起こった際に危険箇所となる所を確認し、避難経路を考えるといった防災・減災に関連した目的もあった。

写真5-2　まち歩きの様子

取り組み③：ゼミナール及びシンポジウム・講演会の開催［写真 5-3］

　防災意識の向上を目指して、市民向けの学びの機会を数回用意した。自治会役員向けのゼミナールは少人数の参加にとどまったが、地元住民向けや小学校児童向けのシンポジウムや講演会には多数の参加があった。その中でも、特に大学生の取り組み発表に関して高い関心を寄せてもらった。

写真5-3　地域住民向けゼミナールとシンポジウム

取り組み④：子ども×大学生　防災（サバイバル）キャンプの開催［写真5-4］

　これは防災教育ユニットの講義「防災フィールドワーク」の一環として行われたキャンプで、特別専攻生が企画から運営まですべてを担った。全日程2泊3日のうちの1泊2日で阿万小学校児童を毎年約20名募集して開催した。使える水を制限し、少ない食材を工夫して食事を作るなど、災害時を意識した内容になっていた。さらに、避難行動を模したまち歩き、防災グッズ作り、防災クイズ、そして防災食作りなどを小学生に体験してもらった。学生たちは事前の企画や準備に関して、毎年オリジナルな内容を含むことを目指し、児童たちに防災知識や災害時の心構えなどを学んでもらった。このキャンプはCOC事業終了後も開催していたが、2020年以降の新型コロナウイルス感染症流行のため、2019年度をもって終了している。

写真5-4　子ども×大学生　防災キャンプ

取り組み⑤：防潮壁への描画イベントの開催［写真5-5］

　阿万地区には海水浴場があり、その陸側には高潮や津波からまちを守る防潮壁がある。これには30年前頃に地元の小学生や高校生の手による絵が描かれていたが、色落ちしみすぼらしくなっていた。地元自治会と相談上、この古い絵を消し、新たなデザインの絵を描くことにした。防潮壁は長さ約200メートル、高さ約2.5メートルであるが、全域をカラフルな鱗模様（鱗一枚一枚が魚に変身する）で描き、「地震があったら津波の用心。高い所に逃げよう」など

の防災に関するメッセージも描き込むなど、防災的にも配慮した。この取り組みは地域住民同士及び住民・学生間の交流促進に効果があったと考えている。

写真5-5　防潮壁画と参加者

取り組み⑥：避難訓練の実施［写真5-6］

　例年通りの、各地区一時避難場所への避難ではなく、拠点避難所になる阿万小学校までの避難訓練には多数の住民が参加し、避難所開設までの流れを体験してもらった。阿万小学校までの道のりは長く、参加者の体力を確認する上でも効果があった。

写真5-6　拠点避難所（阿万小学校）への避難訓練

▌5-4　阿万地域の成果と課題

　阿万地域では、一時避難場所への避難訓練が毎年行われていた。津波を避けるという意味での訓練としてはそれで十分であるが、甚大な被害があり、拠点

避難所（阿万小学校）へ避難するという訓練には発展していなかった。このプロジェクトの取り組みにより、拠点避難所までの避難訓練が実施されたという点は評価できると考えている。しかし、実際には災害後から復旧までには長い道のりがあり、種々の問題が発生する避難所の開設やその後の運営に関する学びや訓練には至らなかった。このことは拠点避難所である阿万小学校教職員と地域住民との協働で行われなければならないが、その訓練ができなかったのは非常に残念であった。

しかしながら、漠然とした理解であった「津波災害」や「それに向けての防災対策」についてはシンポジウムやゼミナールを通して、より深く知ってもらえたのではないかと思う。また、阿万小学校児童向けの防災キャンプは災害時に想定されるいくつかのことを理解してもらえる良い企画で、参加児童の家族や他の児童への波及効果があったとの報告をいただいた。これらのことから、このプロジェクトの取り組みは十分ではなかったが、一定の効果があったと考えられる。

防災減災対策は、最終的に地元住民が主体となって継続的に進められていく必要がある。その点において、十分な啓発ができなかったというのが一番大きな課題であり、今後はその点の解決を目指す取り組みが必要と考える。この地域の自治会の役員は60歳をもってお役ご免となり、その後には地域の祭りや自治会活動に基本的には口を挟まないという昔からの慣習があると聞いている。これは若い世代にまちの伝統的な重要事項を連綿と引き継ぐという意味で有効な方法であるが、防災・減災対策といった新しいテーマへの挑戦にはマイナスの面となっている。拠点避難所への避難訓練の後、避難所の開設や運営について自治会役員や小学校が連携して進めていこうとした矢先に、自治会役員の交代があり、継続性が絶たれてしまった。このようなことにならないように、今後は、自治会役員などを経験した人たちを中心として、他地域の「防災福祉コミュニティ」のような自主防災組織を作っていく必要があると考えている。そのために今後も地道な活動を積み重ねる必要があるが、外部組織である大学も継続的にこの地域に関わっていくことが重要と考える。

▌5-5 南あわじ市福良地区の「福良津波防災フォーラム」

　津波防災フォーラムは、津波防災の学習と地域ネットワーク構築の拠点として2010年に開館した福良港津波防災ステーションの1周年を記念し、2011年に第1回目が開催された。以降、有識者による講演会やパネルディスカッションなど、地域住民約200名の参加のもと毎年開催されてきた。しかし、多数の住民の参加はあるものの、参加者の高齢化や固定化が課題としてあった。

　この課題を解決し、より多くの子どもたちやその親世代の参加を促す目的もあって、淡路県民局からの依頼を受けて2017年から兵庫県立大学の副専攻「防災リーダー教育プログラム」の若い学生たちが、学生団体LAN及び大学院減災復興政策研究科の学生のサポートの下、本フォーラムの企画・運営を主体的に担うことになった。センターでは、このフォーラムを副専攻学生のアクティブラーニングの場としても位置づけている。また、兵庫県立舞子高等学校環境防災科の生徒、地元の市立小学校児童・中学校生徒、そして地元兵庫県立淡路三原高校の生徒らとの協働のもと、実施されてきている。

　2017年以降、若者を中心に行われてきたフォーラム（写真5-7）の主な内容は以下の通りである。

①　防災食、防災グッズの作成ワークショップ

②　防災クイズ、地震教材のデモンストレーション

③　避難お菓子ポシェット作成ワークショップ（NPO法人「おいしい防災塾」）

④　活動紹介ポスター展示

⑤　津波避難行動や次の南海トラフ地震への備えなどを啓発する防災劇

⑥　防災ジュニアリーダー合宿（東日本大震災被災地でのボランティア活動）報告（福良小・南あわじ市立中、2018・2019年度実施）

⑦　まち歩きを通して考えた地域の課題−防災対策とまちの魅力について−の発表（兵庫県大・淡路三原高、2019年度；関西大・兵庫県大、2020年度実施）

写真5-7　2019年度フォーラムの様子
（左上；会場と参加者、右上；防災食体験、
下；お菓子ポシェット作り）

　これらのうち、ここでは地域内・外の高校生や大学生（若者）がまち歩きを通して考えた地域の防災対策の課題やまちの魅力に関する発表がもたらす効果について紹介する。なお、2020年度は新型コロナ感染症対策として、主催者と参加者との「密」を避けるため対面で行われる①〜③および小学校児童、中・高校生徒による報告・発表（⑥）については実施できなかった。また、参加者も地元自治会の役員などに限定し、コロナ感染症対策を徹底して実施された。

（a）若者が、まちを歩き、地域について考える

　地域課題を抽出し、それを解決する手法を考察するために、2019年度には兵庫県立淡路三原高校の生徒と兵庫県立大学の学生は、福良の魅力がまとめられた「ふくらいふマップ（http://fire.dpri.kyoto-u.ac.jp/activity/ ふくらいふ展 /）」を参考に、福良町内のまちあるきを実施した（写真5-8）。特に津波発生時に利用される一時避難場所の課題、観光客向けの避難誘導に関する課題やまちの魅力などに注目しながら、それぞれの視点で率直に感じた課題やその解決に関

する意見を交換し、それらをまとめたものを津波防災フォーラムで地域住民に向けて発表した。以下に、学生・生徒たちが考えた福良の一時避難場所の課題とその解決策、まちの魅力とその活用・発信方法についての発表内容を抜粋して紹介する。

写真5-8　福良町内の一時避難所を巡りながら魅力を探すまち歩き

【一時避難場所の防災上の課題と改善策など】

① 表記方法に統一感のない津波避難を啓発する看板とその改善策

② 伝わりにくい一時避難場所への避難誘導標識とその改善案

③ 高台の一時避難場所とアクセス道の管理の課題と解決策

④ 観光客向けに最適な一時避難場所の提案とその周知の方法

【まちの魅力とその活用・発信について】

⑤ 古風な木造町屋がもつ魅力とその活用法

⑥ 地元福良湾でとれる魚を展示するミニ水族館の魅力と発信法

⑦ 漁師町福良を特徴づける水産業の活性化案

(b) 若者の取り組みや発表が地域住民と若者自身に与えた影響

本フォーラムでの発表に対して地域住民から寄せられた主なコメントは以下の通りであった。

① 地域外の若者の目線からの提案に学ぶことが多かった。

② 地元高校生がわが町について考えるきっかけとなり良かった。

③ ここでの提案を真摯に受け止め、津波避難やまちの魅力について再検討していきたい。

コメント①のように、地域内の人間が気付いていないまちの課題や特徴を知ることができている。「灯台もと暗し」と言われるように、地域住民からすれ

ば日常的に接している景色について深く考察することなくやり過ごすことが多い、ということなのだろう。このような地域外の人間による「まちを考える」取り組みから地域内の人間は多くのことを学べるようになる。

コメント②にあるように、このような取り組みを計画し、地元の若者を巻き込んで実施することで地元の若者がまちについて考える機会を提供できる。この機会を通して、若者に地元への帰属意識が芽生え、「地元愛」、さらに「人間愛」に拡がっていけば、それ自体が「自助」と「共助」の心を育て、防災対策となっていくことだろう。

コメントの③については、後日、学生から提案された一時避難場所の利用に向けた課題を整理するため、地域住民と行政職員により現地で確認作業が行われ、改善への道筋ができた。このように、地域外の人間からの刺激が地元住民・行政の「重い腰」を動かすことがあるという一つの良い事例であろう。

また、地元の淡路三原高校の生徒の感想は、

④　地域外の人間の視点で、自分たちの住む町について見直してみたい。

であり、上で述べたように「地元愛」に繋がる可能性が見受けられる。

さらに、地域外の兵庫県立大学学生の感想は、以下の通りであった。

⑤　他地域での学びが自分の住む地域を考えるきっかけとなった。

⑥　幅広い年代の方々に防災を伝える、また一緒に考える場であった。どう伝えたら興味を持ってもらえるのか試行錯誤したこと、また多くの方と意見交換できたことは貴重な経験である。

このように、大学生にとっては、特に愛着のなかった他地域に関わることで、自分の生まれ育った地域に向き合う姿勢が芽生え、これもまた帰属意識や地元愛へと発展するきっかけとなると考えられる。また、大学生はアクティブラーニングの場であるこのフォーラムの企画から運営までを経験したことから、より深く、新たな視点の防災の学びや主体的な学びを得ている。このような地域社会や住民を対象とするフィールドワークは、ただ単に座学で防災について学ぶよりもはるかに大きな学びと自尊感情をも得ることができているのではないかと推察される。

(c) 地域防災に若者が関わる意義

　本論で紹介した福良津波防災フォーラムへ地域内・外の若者が関わる意義と
して、以下のようなものがあると考えられる。

① 　地域内・外の多様な世代の関わりが、それぞれの立場で地域について考
　　えるきっかけとなり、地域と向き合うこと（帰属意識や地元愛）への効果
　　が認められる。

② 　地域内・外の学生が地域に関わることで子育て世代など多様な世代を地
　　域活動に巻き込むことが可能となる。

③ 　関わった多様な世代が、地域やコミュニティのつながりの大切さを理解
　　し、地域活動に主体的に関われば、災害時のみならず、日常的に安全で安
　　心な地域社会構築の大きな力となる。

④ 　こういった普段の地域との関わり（社会貢献活動）は、若者の自尊感情
　　を育て、将来社会で活躍する人材を地域で育てているといった社会教育の
　　一環でもある。

HAT神戸なぎさ地区における 地域防災活動の実践

6

震災から26年が経過した復興公営住宅と
周辺地区におけるコミュニティ形成の試み

馬場 美智子

■6-1　HAT 神戸なぎさ地区におけるコミュニティ活動支援

　HAT 神戸のなぎさ地区は、阪神・淡路大震災後に出来た新しいまちであり、災害復興公営住宅や UR 住宅、民間分譲住宅などの集合住宅で構成されている。この地域は、防災活動に比較的熱心に取り組んできており、少しずつ後継者も育ちつつある。しかしながら、それらの取組には一部の住民のみが関わっており、地区全体には広まってはいないのが実情である。また、高齢率の高さ、コミュニティのつながりの希薄さなどの問題を抱えており、今後高齢率がより高くなることが懸念される中、災害時に住民同士が支え合える仕組みや関係性をどのように構築していくことができるかが課題となっている。この地区において、地域防災を促進していく上で、人と人がつながる関係性を構築していくことが重要であるとの考えから、コミュニティの形成に力を入れている。近隣住民を知り、思いやり、いざという時に助け合えるコミュニティを構築するという地域課題に取り組んでいるなぎさ地区について紹介する。

　阪神・淡路大震災から 20 年が経過した 2015 年 10 月、HAT 神戸のなぎさ地区にある灘の浜の災害復興公営団地の一角に、筆者は団地住民と学生が交流する「ほっと KOBE」を開設した。なぜ地震から 20 年も経って、そのような活動を始めたのか。それは、阪神・淡路大震災で被災した人々の心の痛みが見えない所で続いていることを知り、今できる事を何かしたい、という思いを持った一人の兵庫県立大学の学生と出会ったことから始まった。

写真6-1　HAT神戸灘の浜

なぎさ地区（灘の浜1、2丁目をいう）はHAT神戸の東側地区で、その北側にHAT神戸灘の浜（灘の浜団地と呼ぶ）（写真6-1）がある。阪神・淡路大震災の被災者の住宅地として、震災後に神戸製鋼の工場跡地に建設された。灘の浜団地には、県営住宅（285戸）、市営住宅（610戸）、UR住宅（1,020戸）があり、南側の分譲集合住宅（1,254戸）を合わせると、約3,200世帯がなぎさ地区に住んでいる。

■6-2　阪神・淡路大震災後の復興の歩み

　ここで阪神・淡路大震災以降の災害復興公営住宅団地の経緯を簡単に振り返る（図6-1）。団地開きした当時は、仮設住宅から恒久住宅にやっと移住する事が出来た住民の喜びが満ち、復興イベントが開催されたり、外部支援者やボランティアが訪問したりするなど、団地は活気があった。しかし、時間の経過とともに、被災者の自立が促されるようになり、団地の問題が明らかになってきた。隣家の声や音が筒抜けの仮設住宅と異なり、立派な鉄骨建ての集合住宅は静かでプライバシーが保てる代わりに、"鉄の扉"は人の気配を断ち切ってしまった。それが、人と人のつながりの希薄化につながり、孤立や孤独が問題となってきた。イベントの開催や、外部支援者やボランティアの訪問が減って

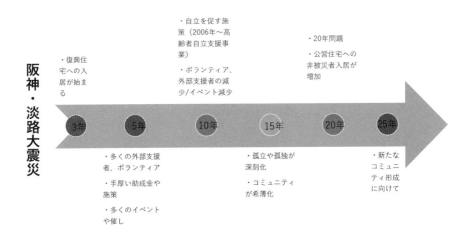

図6-1　災害復興公営住宅団地の25年間

いく中で、被災者同士で支え合うコミュニティづくりの重要性が高まってきた。

　コミュニティ形成については、兵庫県はコミュニティプラザの設置、高齢者自立支援ひろばなど様々な支援策が提供されたが、コミュニティ形成は容易ではなく、継続していくことにも困難がある。孤立や孤独死といった問題も、災害復興公営住宅に限定された問題ではないが、特に高齢者が多いことから、それはより深刻な問題と言える。

■6-3　HAT 灘の浜の現状と課題

　灘の浜団地（写真6-2）への入居が始まった1995年当時は、団地の住民のほとんどが被災者で、多くが元の居住地から離れた HAT 神戸に移住してきた。慣れない場所での生活、元のコミュニティとは異なる人々との新たなコミュニティの形成など、被災者にとっては大きな負担となったに違いない。災害復興公営住宅の入居者は、比較的高齢者が多かった。阪神・淡路大震災から27年以上が経ち、被災者も27歳年齢を重ねた。災害復興公営住宅の居住者の平均年齢は年月の経過と共に高くなっていった。他方で、公営住宅の空きには新規住民が入居し、新規住民の入居率も半分を超えた。

写真6-2　HAT神戸灘の浜の様子

　ここで、灘の浜団地の現状と課題について簡単にまとめる。高齢化と単身世帯、あるいは高齢者だけの世帯が増加していることが問題とされてきた（2019年12月時点の兵庫県内の災害復興公営住宅の高齢率は53.7％）。近年はそれに加えて、新規住民の割合が増えてきたことも、新たな問題を生むことになっている（2019年12月時点で兵庫県内の災害復興公営住宅の新規住民割は53.4％）。新規住民の増加で、高齢化率はやや減少傾向にあり、若年層の居住者が増えていることは支え手となりうる住民の増加を意味する。しかしながら

問題はそう簡単ではない。地域コミュニティに関わりたい若年層は少なく、地域の担い手不足問題はより深刻になってきている。

　灘の浜の平日は写真 6-2 のような様子である。1,000 世帯が住むにも関わらず、団地内を歩く人は多くなく、すれ違っても挨拶が交わされることは少ない。なぎさふれあいのまちづくり協議会が中心になって「挨拶運動」を進めているが、効果は容易には出ない。続けていくことが大事である。

■6-4　灘の浜におけるコミュニティカフェの役割

　人と人のつながりを増やし、コミュニティ形成を支援することを目的として、ほっと KOBE は開設された。ほっと KOBE にはいくつかの顔がある。一つ目の顔は、地域住民と学生の交流拠点である。二つ目は、コミュニティカフェ（ほっと Café）である。三つ目は、地域活動拠点である。そして最後は、コミュニティラボである。それぞれについて少しずつではあるが説明する。

　まず、一つ目の地域住民と学生の交流拠点としての役割は、ほっと KOBE を開設した 2015 年 10 月から 2017 年 3 月まで続いた。一人の教員と一人の大学生から始まったほっと KOBE は、他の大学生たちも参加して、団地住民と学生の交流の場となっていった。灘の浜では団地開きから継続して、神戸大学の学生のボランティアグループが神大喫茶というお茶会を毎週開催している（コロナ禍で 2020 年 4 月から中断）。いつも 20 〜 30 人の住民でにぎわう地元で愛されるお茶会である。神大喫茶が大勢でわいわいとお喋りするのを楽しむ場であるのに対して、ほっと KOBE は場所が狭いこともあって、少人数でじっくりお話しをする場となった。お茶会では輪に入りにくい人、大勢でのおしゃべりが苦手な人、団地内に知人・友人がいない人などが訪れていた。日曜日には、多くの子供たちが訪れるようになり、そこでは高齢者と子どもたちとが交流する場面がよく見られた。

　2017 年 3 月、初期メンバーの学生が卒業する頃、学生による活動の継続が難しくなったこともあり、地域住民同士の交流を促すことを目的に、コミュニティカフェ（ほっと Café）を開設することになった（写真 6-3）。二つ目の役

割である。この頃、地域の
カフェがすべて閉店して
しまい、地域住民から気軽
に集まれる場所がほしい
という要望があったこと
も、コミュニティカフェを
開設することにした理由
の一つである。これまで学

写真6-3　ほっとCafé内の様子

生が1人〜2人の住民と
お話しする形式で行って
いた形式を、住民同士でお
しゃべりする形式に変更
し、一度に15人ほどが座
れるように場所を改造し、
100円でコーヒーと小さ
なお菓子を提供している。

写真6-4　ほっとCaféの様子

週に1回2時間開催されるほっとCaféは、毎回20〜30人が訪れるように
なり、地域の高齢者の楽しみの一つとなっている。いつも女性が多くなるが、
将棋や碁を通した高齢者男性の交流も促進している（写真6-4）。

　このCaféは、地域住民が主体となって運営されており、学生はアイデアを
出したり、ちらしや看板を作成したりするなど、裏方のような役割で関わって
いる。2020年4月以降は、コロナ禍のため、緊急事態宣言下ではCaféを休
止したり、時間を短縮してテイクアウトのみとするなどの対応を迫られている。
また、感染状況が多少収束している状況では、アウトドアカフェとするなどの
工夫をして、感染予防対策を講じている。

　Caféにはのべ200人を超える団地内の住民が訪れているが、訪れたことが
ない住民も多く、どうしても参加する住民の顔ぶれがいつも同じになってしま
いがちである。そのため、Café内に図書コーナーを設けたり、囲碁が出来る

写真6-5　ほっとCafé前の花壇

スペースを作ったりして、多様な人が利用できる工夫をしている。また、車いすの住民は団地外に出ることが困難であるが、Café前の花壇を楽しみにしている様子をたまに見る。遠慮されてか声をかけても

Caféに入られることはないが、花壇がゆるやかなつながりを作るしかけとなっている。花壇は、地域住民が定期的に手入れをしていて、その活動も住民同士のつながるきっかけとなっている。

　ほっとCaféを開始してしばらくたち、住民同士の関りが活発になってくると、ほっとKOBEに対して様々な要望がよせられたり、地域住民からアイデアが出てきたりするようになった。三つ目の役割である地域活動拠点としての役割が求められるようになってきた。ほっとCaféは週に1回しか場を使わなくなっていたため、地域の写真クラブが作品展をする場を提供したり、子どもの学習室としても活用されたりしている。また、学生から、地域図書室とするアイデアが出された時は、学生が協力して不要となった図書を地域住民から募って、先述の図書コーナーを設置した。さらに地域住民から、親子絵画教室、大人の絵画教室、読書会、手芸教室などのアイデアが次々と出され、それらを実行に移している。

　四つ目のコミュニティラボとしての役割は、ほっとKOBE開設から、すべての活動を通じて行っているもので、様々なまちづくりに関わる活動にチャレンジしてもらう場としてほっとKOBEを提供している。兵庫県立大学の学生は、講義やフィールドワークにおいて、ほっとKOBEを通して復興公営住宅の問題を理解したり、課題解決を提案したりすることで多くを学んでいる。淡路島にキャンパスを持つ緑環境景観マネジメント研究科の学生たちは、毎年フィールドワークの一環として灘の浜を訪問し、ほっとKOBEを拠点として復興公営住

宅における緑環境の役割
について学んでいる（写真
6-6）。また、神戸大学を
はじめとする他大学の学
生や、若者、高齢者など、
年齢や立場を問わず、ほっ
と KOBE という場を使っ
て、まちづくりやコミュニ

写真6-6　学生のフィールドワークの様子

ティ活動をやってみたいという人に、場を自由に使っていただいている。コミュ
ニティラボとしているのは、失敗してもいいので、チャレンジすることで、次
のステップにつなげていってほしいという思いからである。

　当初、被災された方々を少しでも励ますことは出来ないか、という思いで始
めたほっと KOBE であったが、阪神・淡路大震災から 27 年が経った今、ほっ
と KOBE の役割は少しずつ変化してきている。大げさなようだが、灘の浜とそ
れを含むなぎさ地区のコミュニティ形成の場の小さな一端を担っている。

　様々な役割を持つほっと KOBE であるが、その核となっているのはほっと
Café である。ほっと Café には、おしゃべりを楽しみにくる団地住民に加え、
地域活動のキーパーソンが多く訪れる。ふれあいのまちづくり協議会 (以下、
ふれまち) や自治会、防災福祉コミュニティ、管理組合等の委員や、民生委員、
福祉施設スタッフなどが気楽に顔を合わせる場となっている。そこで交わされ
る情報交換やちょっとした会話が、次の活動につながっていくことも少なくな
い。

　ふれまちや自治会がフォーマルな場とすると、ほっと Café はインフォーマ
ルな場の一つである。自治会は、形式的なことを決定する場であり物事を進め
る上で重要な役割を果たすが、フォーマルな場だけでは物事は動かないことも
ある。インフォーマルな場があるからこそ、そこに関わる様々な人々が交差し、
相互作用や相乗効果が発生することで活動につながる。

　約 6 年間にわたって続けてきたほっと KOBE を、2021 年 12 月をもって閉

鎖した。拠点として借りているテナントの家賃負担が大きくなったことがその理由である。支援の声もあったが、一旦ここで区切り次のステップに向けて歩みを進めようということになった。それは、ほっとKOBEに関わった地域住民やボランティアの方々がそれぞれ新たな活動を始めており、ほっとKOBEの効果が地域に浸透してきていることが見てとれたからである。地域活動の基礎となる人と人をつなぐ役割の一端をほっとKOBEが果たし、次の地域活動への種まきが出来たと言える。

■6-5　コミュニティの課題と地域防災活動

　地縁・伝統があり、考え方やライフスタイルが近い人々が多い地域では、フォーマルな場や組織が機能する。しかし、住民に多様性がある場合やコミュニティの歴史が比較的浅い集合住宅などでは、いわゆる地縁型組織（自治会など）が必ずしも機能しない。集合住宅などでは、テーマ型組織の一つであるマンションの管理組合が、共有する資産を管理するという共通の目的や関心事を核に協力することが出来る。しかし、それが必ずしも、人と人が助け合う関係性を有するコミュニティとはなり得ない。その一方で、自治会があるからといって、コミュニティが形成されている、人と人がつながっている、共助の関係があるとは限らない。現代社会では、会社以外のフォーマルな人付き合いや組織に関わることの煩わしさを回避しようとする人も多くなってきた。その中で、どのように人と人がつながり、コミュニティを形成していくのかは、大きな課題となっている。

　なぎさ地区では、住民らが主体となって話し合いこれから10年後の「共生のまちづくり計画」が策定されたが、それに先立って実施されたなぎさ地区住民を対象としたアンケート調査の結果から、地域におけるつながりの希薄さが浮き彫りになった。灘の浜団地では、6割がご近所付き合いをほとんどしていないか全くしていないと回答している（図6-2[1]、灘の浜）。また、生活面における困りごととして困りごとがあると回答しているのは灘の浜団地住民で多く、特に「倒れた時に気付いてくれる人がいない」との回答が多くなっている（図

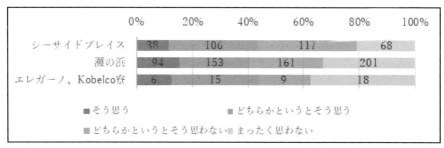

図6-2　ご近所付き合いをしているか（回答者数＝1,024）[1]

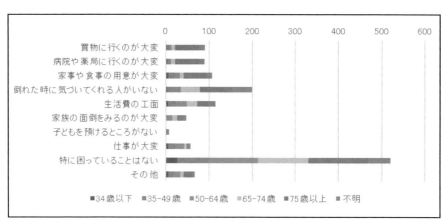

図6-3　生活で困っている事（地域別）複数回答

6-3[1]、灘の浜）。高齢の単身世帯が多い灘の浜団地では、家族や親せきと離れて暮らしていたり、いざという時に頼れる人が近くにいない住民が多く、団地内での孤立や孤独が大きな問題となっている。防災面で見ると、約30％の住民が何もしていないと回答している（図6-4）。その他、地域の担い手不足や、コミュニティの形成の難しさなどの地域の問題に対してどのように取り組んでいくのか、地域力が試されている。

　「共生のまちづくり計画」のアクションプランは、2022年度から地域で具体化され、地域の支え合いや地域防災活動などの取組を、住民が主体となって展開することになっている。この計画の特徴は、これまで総合的な観点で取り組まれることが難しかった高齢者・子ども・障がい者福祉と地域防災を、出来る限り相互に連動させて考え、取り組んでいこうとするものである。なお、本

計画の策定とアンケート調査の実施については、兵庫県立大学大学院減災復興政策研究科の教員や大学院生らが協力している。

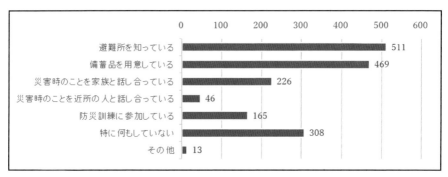

図6-4　災害への備え　複数回答

注
1　シーサイドプレイスは民間分譲住宅、灘の浜は災害復興公営住宅、UR 賃貸住宅などが立地する HAT 神戸灘の浜、エレガーノは介護付き有料老人ホーム、Kobelco 寮は神戸製鋼の独身寮のこと。

謝辞
　ほっと KOBE 開設から 6 年余り、協力していただいた地域住民の方々のご協力がなければ続けるのは困難であった。この場を借りて、関わっていただいたすべてのみなさまに深く感謝の意を表したい。

7 高等学校と連携した地域防災力向上のための実践

浦川 豪

▊7-1 経緯

　筆者は、兵庫県教育委員会の依頼を受け、学校防災アドバイザーとして兵庫県立尼崎小田高等学校（以下、小田高）を訪問した。その主たる目的は、学校防災の取り組みに関する助言などであった。小田高では、2015年から、普通科の看護医療・健康類型の2年生を中心に、防災・減災教育をテーマに掲げ、高校生による様々な社会貢献活動を展開していた。その際、担当教員より、「防災・減災」をテーマとして生徒たちがもっと主体的に地域社会に関わり、高校が継続的に貢献したい想いを聴き、その想いを支援する形で小田高と連携した実践活動が始まった。筆者と担当教員とで様々な議論を重ね、小田高が個人、家庭、町内会・自治会、行政など地域防災・減災活動を展開する様々な主体の結節点（防災・減災HUB）となることを目標とした。防災・減災HUBの実現のために、①地域防災力向上のための地域社会への貢献、②学校防災体制の再構築と継続的な運用の2点を主要な取り組みとし、以下の4点を必要要件とした。

・学校（生徒）と地域との連携は、学校、地域住民がWin-Winになること

・平常時からの繋がり（絆）の醸成

・地域防災力向上のために学校が貢献するための危機管理体制、教員の危機管理

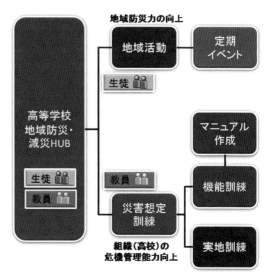

図7-1　地域防災・減災HUB　筆者作成

意識向上

・上記が個別ではなく包括的な仕掛け

　学校防災体制の再構築のための学校防災マニュアルの改訂及び訓練、高校生の地域防災活動の支援は本研究科大学院生が支援し、年に1度開催する地域防災イベント（あまおだ減災フェス）には大学院生だけではなく学部生（現在の副専攻・防災リーダー教育プログラム、兵庫県立大学生災害復興支援団体LAN）が企画、運営に参加した（図7-1参照）。

　ここでは、高校生が中心となった地域防災活動、地域防災・減災イベントについて紹介する。

■7-2　高校生が中心となった地域防災活動

　本研究科大学院生が支援した高校生による地域防災活動の代表的な取り組みが地域住民と連携した「地域防災・絆マップ」作成である。「地域防災・絆マッ

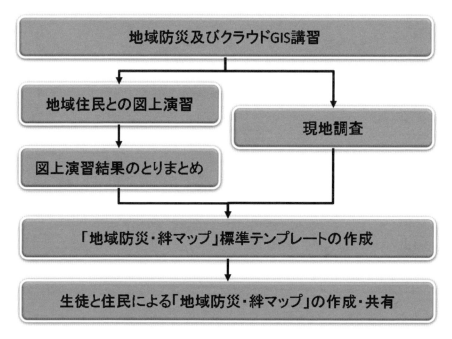

図7-2　「地域防災・絆マップ」作成プロセス　筆者作成

プ」は、地域住民一人ひとりのすまいや行動範囲に合わせてカスタマイズした主題図であり、住民と高校生が共にその作成プロセスに関わった。

図7-2に「地域防災・絆マップ」作成プロセスをしめす。

まず、筆者らが生徒達に地域防災に参画する意義とモバイル端末GISアプリケーション（以下、モバイルGIS）の操作に関する講習をおこなった。次に、生徒は地域住民と紙地図を利用した図上演習をおこない、その成果をまとめた。また、生徒と住民とでモバイルGISを利用した現地調査、情報登録をおこなった。そして、それらの成果をもとに、「地域防災・絆マップ」標準テンプレートを作成した。最後に、住民個別の情報に基づく「地域防災・絆マップ」を作成し、住民に手渡した。講義では、筆者が大学生の災害ボランティア活動の事例などから現場活動の意義、考え方や取り組む姿勢について説明するとともに、生徒それぞれの頭の中にある地域の認知地図をA4サイズの紙に描く演習を実施し

写真7-1　講義の様子（認知地図作成、モバイルGIS講習）

た。認知地図とは、人それぞれが自分の頭の中につくりあげている地図である。認知地図を描くことで、自分達が暮らす空間に関する認識を知ることができる。次に、モバイルGISの操作研修を実施した。生徒達は、実際に学校周辺を歩き、

リアルタイムで情報登録できる技術を体験した。側溝に落ち葉やゴミが溜まっていていることや段差が大きい場所といった災害に関わる地域の脆弱性を発見することができた。

次に、高校生と地域住民による図上演習を実施した。5〜6人を1班とし、計6班で図上演習を実施した。

写真7-2　図上演習の様子

生徒や関係者と初対面の地域住民もいたが、アイスブレークを経て人間関係を築き、各班で地域情報を地図の中に書き込んでいった（写真7-2）。書き込まれた内容は、避難所、医療機関、AEDが設置されている場所、警察署、消防署といった防災設備や公共施設に関する情報、狭い道路、土地が低くなっているところ、住宅密集地、危険なブロック塀など地震発生時の被害などに影響する情報が書き込まれた（写真7-3）。現在の地図にはない情報も書き込まれたことから再度図上演習を実施し、アンダーパスのほか、飲食街、空き店舗などの情報、旧河川や運河、池の埋立地、紡績工場の跡地、貨物線（尼港線）の名残、過去に大火が発生した場所や高潮で浸水被害を受けた場所といった過去の災害に関する情報なども書き込まれた。

次に、地域住民と生徒は現地調査（モバイルGISを活用）を実施し、地域の災害関連情報を収集した。対象地域では、市役所の災害対策課と自主防災組織とが協働で地域の脆弱性に関する地図（長洲

写真7-3　成果物の一例

連協マップ）を作成していた（図7-3）。民家のトタン屋根が崩れやすい、ブロック塀など対象地域の詳細な情報が含まれる地域オリジナルの地図である。2016年3月に紙媒体で発行されたが、その後更新されていなかった。長洲連協マップをもとに地域住民と生徒が現地調査を実施した。現地調査には、生徒9名、地域住民7名、市役所職員3名が参加した（写真7-4）。紙地図に記載されていた対象箇所のうち確認できた55箇所に加え生徒が新たに発見した25箇所が登録された。

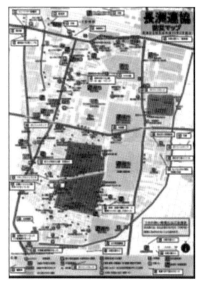

図7-3　長洲連協マップ
長洲連協作成

（生徒の感想の抜粋）

• 実施に歩いて見回ったことで写真とかよりもしっかり見られて良かった。実際にさわれるものはさわってみたり、今後どうやって改善すべきかを考えてみたり、その場で話し合えて良かった。地域の方と一緒に行くことで会話しながら楽しく防災マップ作りができて本当に良かったです。

• スムーズに簡単にできてアプリとかが苦手な人でもできて楽しく学べました。その場ですぐにできるので良かったです。

（住民の感想）

• マップを作成した時より約1年9か月が経過しており地域の様子が変わったところが至るところにあったので、今日のまち歩きはよかったと思います。見落としがあったところ、追加で新規が入れられたところなど確認できたところがたくさんあったと思います。生徒さんを中心に楽しく取り組めました。

• アプリはいいものですね。ピンポイントで場所が特定できます。今後の対応につながりに必要なものだと思います。

図7-4　モバイルGISを利用した情報登録　筆者作成

写真7-4　現地調査の様子

　現地調査を実施することで高校生の防災教育効果と地域住民が以前調査した情報の更新が可能となる Win-Win の関係性を築くことができた。

　最後に、図上演習と現地調査で収集したデータをもとに研究科大学院生が「地域防災・絆マップ」の標準テンプレートを作成し、生徒と住民が住民の自宅から避難場所までの避難経路を確認し、そのルートを透明シートに手書きで書き込んだ。その後、住民と生徒で実際にそのルートを歩き、そして、高校生が住民へのメッセージを手書きで添えて「地域防災・絆マップ」を完成させ住民へ手渡した。「地域防災・絆マップ」は、南海トラフ巨大地震による津波ハザードの想定結果と緊急指定避難場所、避難に関する脆弱性などを表示した防災面

標準テンプレート

完成版

図7-5 「地域防災・絆マップ」筆者作成

写真7-5 「地域防災・絆マップ」作成の様子

と地域住民と高校生による参画プロセスの成果（地域の絆）を表現した絆面とで構成する主題図とした。

「地域防災・絆マップ」作成は、高等学校と地域住民が平常時からの繋がりを持つこと、両者が Win-Win になることを具体的に示した継続性が見込める取り組みとなった。

「地域防災・絆マップ」などの小田高の実践的取り組みは、継続的に実施され、1.17 防災未来賞「ぼうさい甲子園」[1] において令和2年、令和元年、平成29年に奨励賞を受賞している。

■7-3　地域防災イベント（あまおだ減災フェス）

小田高と本学が連携した「地域防災・絆マップ」など実践的取り組みを継続し、もっと多くの地域住民が参加できる地域防災・減災イベント（あまおだ減災フェス）を2018年より開催している。小田高が主催となり、サポーターとして現

在の副専攻・防災リーダー教育プログラム、兵庫県立大学生災害復興支援団体 LAN、大学院減災復興政策研究科が参加している（図7-7）。

2018 年に第 1 回を開催し、2020 年に 3 回目のあまおだ減災フェスを開催することができた。

• 2018 年 11 月 11 日：「第 1 回あまおだ減災フェス－つながる・ささえあう・たのしむ－」、小田高校

• 2019 年 11 月 9 日：「第 2 回あまおだ減災フェス－つながる・ささえあう・たのしむ－」、小田高校

写真7-7　高校生による企画の様子

• 2020 年 11 月 14 日：「第 3 回あまおだ減災フェス－あまおだから発信しよう！　コロナと共生のなかでの減災の取り組み－」、小田高校

あまおだ減災フェスは、高校生と学部生が中心となり、企画・運営の役割を

写真7-6　高校生、学部生、大学院生による企画会議の様子

担い、大学院生がサポートしている。毎年、夏休期間に高校生と学部生による企画会議をおこない、フェスのコンセプト、それぞれが考えてきた企画を共有、議論してその内容を決めている（写真 7-6）。

　第 1 回のあまおだ減災フェスでは、午前中の講演、高校生のバトン部・吹奏楽部の発表、防災音楽ユニット Bloom Works[2] の防災・減災ライブの後、午後は各教室に分かれ、高校生や学部生が準備してきた企画を住民に披露した。高校生は、看護医療・健康類型による防災ゲーム、工作教室や活動紹介の展示、科学研究部によるスライム作り、茶道部によるお点前、アコースティックギター部による演奏がおこなわれた（写真 7-7）。

写真7-7　高校生による企画の様子

　また、他の関連機関の協力を得、応急処置実践講座、ロープワーク、防災お菓子ポシェット作り、六甲山の立体模型作り、ドローン飛行体験を実施することができた（写真 7-8）。

写真7-8　協力機関による企画の様子

次に学部生による代表的な企画を紹介する。2018 年は、たきだし、花プロジェクト、防災アトラクションを企画した。その中でも「花プロジェクト」を紹介する。そのコンセプトは、参加者で「笑顔の大きな花を咲かせること」とした。学部生が、事前に使用済みの牛乳パックを持ち寄り、花びら型に切り抜き、色とりどりの花びらを作成した。受付の際、花びらに参加者の名前を書いてもらい、名札として利用してもらった。最後に、参加者自身で花びらを花の型枠に貼ってもらった。多くの参加者による大輪の花を咲かせることができた（写真 7-9）。

写真7-9　「花プロジェクト」の様子

　第 1 回あまおだ減災フェスへの参加者は延べ 300 名であった。その内訳は、地域住民 87 人、保育園・幼稚園児 8 人、小中学生 31 人、高校生 92 人、大学・大学院・専門学校生 38 人、市・県の関係者 11 人、防災関係者 27 人、そのほか（他の地域からの参加など）27 人となり多くの地域住民、関連機関の方々が参加してくれた。住民からは、「時間がもっとあったら、ほかにも行きたい活動があった。来年も（フェスが）開催されたらぜひ来たい」、「防災アトラクションや防災ゲームを始め、各団体が趣向を凝らして活動をしていたので、た

のしく学べた」といった満足度の高い感想が多く寄せられた。

　第2回あまおだ減災フェスでは、LANによる防災劇「緊急地震速報ってなんですのん?」が披露され、LANと看護医療類型の高校生が共同でお菓子の「じゃがりこ」からポテトサラダを作り参加者にふるまった。学部生からは「正解はどっち!?防災トーナメンゲーム」が披露された。「正解はどっち!?防災トーナメンゲーム」は、防災クイズを答えて道順を辿っていくゲームである。不正解の場合、ヘルメットや包帯などを身に着けることになる。参加者がゴールした際、インスタントカメラで撮影し、写真（写真7-10）を参加者に手渡した。

写真7-10　「正解はどっち!?防災トーナメンゲーム」の様子

　第3回あまおだ減災フェスは、コロナ禍を配慮し、規模を縮小して実施した。副専攻は「尼小田すごろく」を実施した。高校生、学部生ともに中止か開催かの先の見通しが不透明な中準備を進め、これまでと比較して参加者は少なかったが無事開催することができ、多くの参加者が笑顔となった（写真7-11）。

　ここでは述べられなかった危機管理体制の再構築と運用も含め小田高が防災・減災HUBとなることを目標とした継続的な取り組みは、教職員、高校生、大学生、大学院生が実践的な活動を主体的、能動的に実施できる貴重な場となった。今後とも、多くの積極参画による継続的な発展が期待される。

写真7-11　第3回あまおだ減災フェス集合写真

注

1　1.17防災未来賞「ぼうさい甲子園」HP，2021年6月25日
　　http://npo-sakura.net/bousai-koushien/

2　Bloom Works HP，2021年6月25日
　　https://bloom-works.com/index.html

8 GISを活用した 災害デジタルアーカイブの取組み

浦川 豪

■8-1 経緯と概要

　筆者は、神戸市の依頼を受け、2017年より全庁的なGIS・地理空間情報活用促進のための取り組み（GISアカデミー）を支援していた。神戸市の担当職員は、1995年阪神・淡路大震災（以下、震災）発生後、広報部局に所属していた。その当時、映像など多くの記録を残し、その後、子供たちの防災教育の教材として利用する活動などを積極的に実施していた。多くの記録は、体験した人のみがその内容を語ることができる情報となり、震災から時間が経過するにともない、それらの記録を保存、共有する新たな取り組みが求められていた。

　地理情報システム（以下、GIS）は、地理空間情報に基づき、分析、可視化、人の意思決定を支援する専門技術として定着してきたが、近年、クラウドコンピューティングの普及にともない専門技術者だけではなく多くの人が利用できるプラットフォームとなった。

　このような経緯からGISを活用し、震災の記録をアーカイブ、共有する取り組みを実施することとなった。災害デジタルアーカイブ構築には、学部生が参画し、アーカイブ構築と同時に防災教育効果が得られる取り組みを目指した。

　デジタルアーカイブとは、図書・出版物、公文書、美術品・博物品・歴史的資料など公共的な知的財産をデジタル化し、インターネット上で電子媒体として共有・利用できる仕組みとしており、有形（紙媒体の写真、地図、冊子など）、無形（人の記憶）の情報をデジタル情報として記録し、劣化なく永久保存するとともに、ネットワークなどを用いて共有することであると定義されている[1]。

　また、震災関連デジタルアーカイブ構築・運用のためのガイドラインも公表され、「資料・記録の調査・収集」、「資料・記録のデジタルデータ化」、「メタデータ作成」、「システムの構築・運用」の5段階の手順がまとめられている[2]。つまり、デジタルアーカイブは、過去の記録の収集、保存が目的だけではなく、新しい

デジタルコンテンツを作成することで、様々な関心の人が様々な手法（メディア）で活用されることが望まれている。

■8-2　学部生が参画した1995年阪神・淡路大震災を事例としたデジタルコンテンツ作成

1995年阪神・淡路大震災を事例として、被災者が保有する様々な形式の記録からデジタルコンテンツを作成する試みを実施した。デジタルコンテンツを共有するためのクラウド型GISを活用し、被災者と学部生によるワークショップを実施した。

（1）デジタル地図の事前準備

震災体験のない学部生と被災者とがコミュニケーションを図るために、当時の地図や被災の状況がわかる情報を収集し、デジタルマップを作成することとした。建物の被災状況がわかる情報として「平成7年兵庫県南部地震被害調査最終報告書」[3]から町丁字単位で集計した建物倒壊と火災に関する被災状況マップを作成した（図8-1参照）。また、震災復興都市づくり特別委員会が1995年3月に発表した「阪神・淡路大震災緊急被害実態調査・被災度別建物分布状況図集」より、外観目視調査をまとめた建物被災状況を表す被災状況図も作成した（図8-2参照）。これらに加え、「国土画像情報（第三期：1984〜1986年撮影）」

図8-1　被災状況マップ　筆者作成

図8-2　地域防災・減災HUB　筆者作成

の航空写真を準備し、参画者が当時の地図、被災状況が把握できる情報として利用することとした。

(2) 学部生の情報登録を支援するアプリケーションの開発

被災者から学部生へ震災体験の語りと同時に、リアルタイムでデジタルコンテンツを作成する試みとして情報登録のためのクラウド GIS を基盤としたアプリケーションを開発した（図 8-3 参照）。先に述べた、デジタル地図を背景として、場所、タイトル、日付、時間帯などの項目を簡易に入力できる。

図8-3　情報登録アプリケーション　筆者作成

(3) 被災者と学部生によるワークショップの実施

阪神・淡路大震災を体験した 3 名の語り部に参画してもらった。

・被災者 1 （まちづくりプランナー）

震災発生以前から神戸市の都市計画、まちづくりに係わる業務を行っていた。震災後は、都市計画分野の専門家として、まちづくりコンサルタントネットワークづくりの中心的な存在として神戸市の復興に貢献した。

・被災者 2 （市民活動家）

被災者 1 と同様に震災後まちづくりコンサルタントネットワークづくりに尽

力した。特に、神戸市内、芦屋市内に地元の市民が被災後の土地を耕し、コスモスやヒマワリの種をまき、花を咲かせた「ガレキに花を咲かせましょう」[4]の中心的な存在として活動した。

・被災者3（自治体職員）

　当時は、神戸市役所の広報課に所属しており、発災直後から神戸市長田区周辺の被災状況を動画に記録していた。

　ワークショップは、以上3名の被災者が所有していた写真や動画をもとに当時の状況を被災者が学部生に口述で語る形式とした。

　聞き手として学部生7名が参画した。年齢は19歳〜22歳であり、いずれも阪神・淡路大震災を経験していない。ワークショップでは、二つの班を設定した。A班は、被災者1、2がデジタル化した写真を使って兵庫県神戸市長田区野田地区北部の被害状況や復興に係わる活動を未災者に伝えた。B班は、被災者3が、デジタル化した映像を使って兵庫県神戸市長田区周辺の市街地大火などの被害状況を未災者に伝えた。学部生は、被災者と対面する聞き手、位置情報や写真などの情報登録者、会話の記録者の三つの役割を設定した。ワークショップの概要を以下にしめす。

・開催日時：2018年1月12日（金）10：00 － 17：00
・場　　　所：デザイン・クリエイティブセンター神戸（KIITO）
・参 画 者：被災者（語り部）3名、未災者（学部生）7名
・時　　　間：事前講習1時間、ワークショップ3時間30分、振り返りワークショップ30分

　学部生は、ワークショップ開始前の約1時間で筆者、大学院生による対象地区の被害や復興に関する基礎知識の講習、情報登録アプリケーション操作に関する講習を受けた。A班には、被災者1、被災者2と未災者4名が参画し、写真8-1のように自らが撮影した写真をプロジェクタで映写し、対象地区の復興まちづくりなどについて学部生に説明した。B班には、被災者3、未災者3名が参画し、自らが撮影した映像をプロジェクタで映写し、対象地区の市街地大火など主に被害状況について説明した。

写真8-1　ワークショップの様子

　写真8-2のように振り返りワークショップにおいて学部生からの感想や技術面に対する意見を共有した。また、未災者からは自由記述のアンケート調査により以下の個別の5件の意見を得られた。

写真8-2　ふりかえりの様子

（語り部が伝えた内容について）

・被害状況の映像が、すごくリアリティがありました。歩いている目線での映像で、知っている場所もたくさん出てきたので、実際に歩いている自分と置き換えて映像に見入ってしまいました。

・語り部さんから話を伺う時に、どうしても衝撃的な内容で、自分の見たことのある街が燃えている風景を見た時に、心拍数があがってしまい、ここは聞いてもいいのかなと迷ってしまうところがありましたが、語り部さんが真剣に話してくれる姿を見て精一杯に聞きたいと思いました。

（情報登録アプリケーションの操作について）

・情報登録は、初めは難しく感じましたが、慣れるとコツを掴むことができたので、どんな人でも取り組みやすいものであると思いました。

・実際に自分で地図におとしていくことで行ったことのない場所でもイメージがしやすかったです。最新の技術がいかされていてとても画期的だと思いました。

・被災者の生の声を聞きながら、メモを取る作業は非常に難しかったです。しかし、GISマップ上に被災者の体験を残すということが貴重だということも身に染みて感じました。

　また、本ワークショップに参画した被災者の1名から以下の感想が得られ、被災者も未災者の参画により新たな発見があったこと、未災者への想いが感じられたことがわかる。

・被災体験者が思っている（大事な）ことが、必ずしも非被災者にとって大事だと思わないこともあるようです。

・些細なことでも思いの外、感動を持って聞いてもらえることがある。不思議なところでビックリされる。

・熱心さ、生真面目さ、丁寧さに感謝しています。

図8-4　成果物の一例　筆者作成

被災者が、自ら所有する情報を共有し、説明したことで、未災者（学部生）は当時のリアリティを感じることができた点など防災教育の可能性を見出すことができた。また、被災者と学部生とで作成された成果物の一例（図 8-4 参照）は、その後、市民、市民活動家、学校職員、神戸市職員の記録映像、本研究科の専門家による解説映像、他の地図コンテンツを追加し、阪神・淡路大震災「神戸 GIS 震災アーカイブ」[5] として神戸市から公開されている。

■8-3　1938 年阪神大水害を事例とした災害デジタルアーカイブ構築への貢献とフィールドワークでの活用

　1995 年阪神・淡路大震災を事例とした災害デジタルアーカイブ構築手法は、阪神大水害 80 年行事実行委員会による 1938 年阪神大水害を事例とした災害デジタルアーカイブ構築へ発展した。

　阪神大水害は、1938 年（昭和 13 年）7 月 3 日から 5 日にかけて、梅雨前線が西日本に停滞し、神戸市を中心に集中豪雨が発生した災害をいう。六甲山の各所で土砂崩れが発生し、市域の河川が氾濫すると同時に、巨石や流木、土

	住吉川流域	生田川宇治川流域	都賀川流域	新湊川流域
体験（語り）	体験談の語り	体験談の語り	体験談の語り	継承者からの語り
聞き手	住吉中学校生徒会生徒 13 人	神戸市立渚中学校防災ジュニアリーダー生徒 13 人	神戸市立渚中学校防災ジュニアリーダー生徒 12 人	常盤女子高等学校生徒会 8 人
活動	ワークショップ	まちあるき	まちあるき	ワークショップまちあるき
アーカイブツール	情報登録アプリケーション（PC）	情報登録アプリケーション（PC、モバイル端末）	情報登録アプリケーション（PC、モバイル端末）	情報登録アプリケーション（PC）

図8-5　流域別取り組みの全体像　筆者作成

砂の入り混じった土石流が神戸の市街地に流れ込み神戸市における被災家屋は89,715戸、死者は616名と甚大な被害となった。

　ここでは、当時、大きな被害を受けた住吉川、新生田川および宇治川、都賀川、新湊川の四つのエリア別に被災体験者と中・高生が参画した災害伝承の取り組みを実施した（図8-5参照）。

　新たに屋外において当時の地図と現在の地図を切り替え、情報登録できるモバイル端末用の情報登録アプリケーションを開発した（図8-6参照）。

　実行委員会の事業主体である国土交通省六甲砂防事務所がポスターやチラシを作成し、新聞掲載、神戸市内の各区報、芦屋市報、西宮市報への掲載、神戸市の95歳以上の世帯向けにダイレクトメールなどで情報提供依頼を呼びかけ、86名から写真、手記、絵葉書、地図、新聞など667の情報が集まった。これらの情報と六甲砂防事務所や神戸市アーカイブ館が保有する情報、被体験者の語りの映像、中・高校生が現場調査で収集した情報を情報源とした災害デジタルアーカイブを構築した。阪神大水害デジタルアーカイブ[6] は、「インタビュー（映像）」、「手記・体験談（画像、テキスト）」、「エピソード（画像、テキスト）」、「エリア別の場所と写真（地図、画像）」、「全エリアの場所と写真（地図、画像）」、「記録映像（映像）」、「未災者の活動の様子（映像）」で構成されている。

　副専攻を受講している学部生は、阪神大水害デジタルアーカイブで公

写真8-3　現場での情報登録の様子

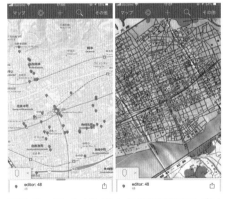

図8-6　モバイル端末の情報登録アプリケーション　筆者作成

開されているコンテンツについて学び、水害と神戸の係わりを知るフィールドワーク（神戸まち歩き　新生田川〜布引の滝）に参加している。

図8-7　「神戸まち歩き」の配布資料　筆者作成

　神戸まち歩きは、主に「三宮駅」から「新生田川」、「新生田川」を北上し「新神戸駅」、「新神戸駅」から「布引の滝」を歩く。神戸の開港にあわせて整備することになった外国人居留地は、旧生田川（現在の神戸市中央区のフラワーロード）下流に位置し水害発生による被害が予想された。加納宗七が現在の位置に生田川を付け替える工事をし、1871年（明治4年）に完了した。明治時代には下水も完備されておらず、新生田川に流れ込む生活排水のため悪臭を放っていた。それを回避するため進められた新生田川の暗渠化は市街地部分のほぼすべてについて行われ、1932年（昭和7年）に完成し、この真上に道路や公園（布引遊歩道）を整備した。当時、神戸市は、市街地の交通機能改良などの目的で、各地で河川の暗渠化を政策的に実施しており、鯉川や宇治川なども同様であった。しかし、1938年（昭和13年）の阪神大水害をもたらした大雨で流されてきた巨岩や巨木が新生田川の暗渠の付け根に詰まり、行き場を失った泥水は

写真8-4　新生田川沿を歩く

旧生田川であるフラワーロードに流れ出し、周辺一帯に大きな被害をもたらした。その後、渓流などに設置される土砂災害防止のための設備である砂防堰堤が多く設置された。神戸まち歩きでは、暗渠や砂防堰堤の状況を直接自分の目で確認し、過去の水害を通して神戸の成り立ちを知ることができる。

　また、副専攻生は異なる学部の学生が防災・減災について学ぶカリキュラムである。副専攻を受講することで初めて出会った学生が多く、まち歩きを通して学部生どうしがコミュニケーションを図る機会としている。

写真8-5　学生のコミュニケーションの場

注

1 総務省，デジタルアーカイブの構築・連携のためのガイドライン
http://www.soumu.go.jp/main_content/000153595.pdf，2021 年 6 月 25 日

2 総務省，震災関連デジタルアーカイブ構築・運用のためのガイドライン
http://www.soumu.go.jp/menu_seisaku/ictseisaku/ictriyou/02ryutsu02_03000114.
html，2021 年 6 月 25 日

3 建設省建築研究所：平成 7 年兵庫県南部地震被害調査最終報告書第一部，1998 年 3 月

4 がれきに花を咲かせましょう
http://web.kyoto-inet.or.jp/org/gakugei/kobe/t_kin00.htm，2021 年 6 月 25 日

5 阪神・淡路大震災「神戸 GIS 震災アーカイブ」
https://www.city.kobe.lg.jp/a05822/shise/opendata/shinsai.html，2021 年 6 月 25 日

6 国土交通省六甲砂防事務所，阪神大水害デジタルアーカイブ
https://www.kkr.mlit.go.jp/rokko/S13-2/index.php，2021 年 6 月 25 日

IV

ボランティアと学生による活動

大学と学生ボランティア:東日本大震災 被災地などでのボランティア活動

森永 速男

■9-1　学生による被災地におけるボランティア活動

　防災教育センターにおける教育の一環としてボランティアを組織し被災地を支援するという考えがセンター発足以前から構想されていた。時を同じくして2011年の3月11日に東日本大震災が発生し、学生ボランティアの組織化や活動が喫緊のテーマとなった。4月のセンター発足と同時に、学生ボランティア募集を基礎教育科目の講義や各キャンパスに掲示したポスターを通して始めた。その結果、募集開始から数ヶ月間で登録してくれた学生は合計104名（男34、女70名）で、そのうち2011年度入学生は66名（男19名、女47名）であった。

　兵庫県立大学は当時の清原正義学長を本部長とする東日本大震災支援本部を発災直後に立ち上げた。発災から約1ヶ月後の4月14、15日に当時の岡本久之副学長を代表とする調査団が仙台市、石巻市や福島市などを訪問し、兵庫県立大学が果たせる支援について検討し始めた。その訪問の中で決定した支援の一つが、同じく公立大学法人の宮城大学と協働して学生ボランティアを組織し、宮城県内の被災地を支援することであった。被災地へのアクセスや活動条件が整った5月20日〜23日に第1回目の被災地における学生ボランティア活動が実施された。これには、登録ボランティア学生にメールで一斉に参加を呼びかけた結果、18名の学生が参加してくれ、教員3名が同行して石巻市鮎川と石巻市内の瓦礫

写真9-1　石巻市鮎川での瓦礫撤去の活動

撤去の作業を行った（写真9-1）。

　その後、兵庫県立大学の公式行事として行った現在までのボランティア活動についての実績を図9-1に示す。

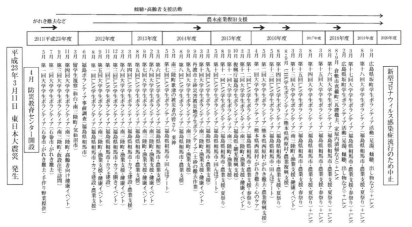

LAN：Leaders' Active Network、防災教育研究センターが支援する学生ボランティア団体
UHK：LANメンバーを中心に組織された熊本地震被災地復興支援のための学生団体

図9-1　防災教育センター（後の防災教育研究センター）が関わった兵庫県立大学の公式学生ボランティア活動

　第2回目（7月）も同じく石巻市内の瓦礫撤去の活動であったが、宮城大学が本吉郡南三陸町における継続的支援を決めたことに合わせ、第3回目（9月）以降、支援終了の2017年3月の第13回目まで、南三陸町で避難所や自宅に閉じこもりがちな高齢者向けの傾聴（写真9-2）や健康支援（スマイル健康塾、写真9-3、9-4）と養殖ワカメ漁業（南三陸町歌津の馬場中山地区、写真9-5）の復旧支援の活動を継続実施した。なお、学生ボランティア活動の運営主体は2012年度以降、徐々に大学の支援本部から防災教育センターに移行していった。

写真9-2　南三陸町歌津で行われた傾聴の様子（第4回目、2011年11月）

写真9-3　南三陸町志津川のホテル「観洋」で行われたスマイル健康塾（第12回目、2016年3月）

東日本大震災被災地でのボランティア活動の際には、兵庫県と被災地間の移動に借り上げのバスを利用した。発災直後の活動は、平日講義終了後の金曜日夕刻に兵庫県を出発し、翌日早朝に被災地に着いた後、土・日に現地活動を行い、日曜日夕刻から月曜日早朝にかけて兵庫県に帰って来るというハードスケジュールで行われた。2012年度以降には、夏休みと春休みの年2回、同様な往復スケジュール・手段で活動した。往復の借り上げバス料金は主に「ひょうごボランタリープラザ」からいただいた助成金でまかなっていたので、参加学生には、移動費以外の活動中1泊の費用と飲食代を自己負担してもらった。

上　写真9-4　第12回活動の際のスマイル健康塾（2017年3月）の運営メンバー集合写真
左　写真9-5　南三陸町歌津での養殖ワカメ漁業の復旧支援活動（第8回目、2014年3月）

そのような中、ボランティア活動を大学教育の一環として単位化するかという議論が全国的に始まっていた。「ボランティアは自主的な活動であり，科目（フィールドワーク）にして単位を出すのはおかしい」や「単位が取得できるといった不純な動機でボランティア活動に参加する学生を生んでしまう」といった単位化に否定的な意見が多くあったが、センターでは「フィールド学習を中心とした体験に基づく教育の観点から、ボランティア活動をフィールド学習の重要な場として位置づけることができる」との判断で、基礎教育科目「災害現場と防災」を受講したと見做すこととし、大学が実施するボランティア活動に2回出席し、それぞれの参加後に報告書を提出し、「災害現場と防災」の講義中に発表することを条件に2単位を付与することにした。結果的に見れば、「単位になるからボランティア活動に参加する」といった学生は皆無であり、当初議論したことの多くは杞憂であった。その後ボランティア活動の単位化について学生からの要望もなく、現在まったく運用されていない。

　以上のようにセンターでは、今でもボランティア活動を大学教育の一環として位置づけ、その経験を通して多くの学びを得て欲しいと考えている。また、センターの教育目標である「地域社会で活躍する防災リーダーの育成」という観点からも重要な取り組みと考えてきた。そのため、活動前にボランティアのあり方、活動中に注意すべきことや被災者とのコミュニケーションの取り方といった基本的なことと被災地の現状のみならずその地の歴史や文化を知った上で活動に臨んでもらえるよう「事前の勉強会」を毎回必ず開催してきた。さらに活動を振り返る機会として復路のバス中及び後日に「事後の反省・報告会」を必ず実施した（写真9-6）。

　活動に参加した学生の中には「広大で激烈な被災地に対して自分のできたことの無力さ」などの思いを抱

写真9-6　第1回目のボランティア活動後の報告会（振り返り）の様子（2011年6月）

え、少なからず絶望していた学生に対して、この振り返りは彼らの心のケアとなっていたと考えられる。また、このような時間を持つことで、彼ら自身が行った活動の意味を深く理解でき、他者に寄り添う気持ちと自尊感情を彼らにもたらしてきたのではないかと考えている。

　その後も、防災教育センターが主に関わったボランティア活動には、福島第一原子力発電所の事故により放射線被災地となった福島県相馬市周辺、2014年の丹波市土砂災害、2016年の熊本地震、2018年の平成30年7月豪雨被災地の岡山県真備町と広島県坂町などでの活動がある（図9-1）。この図の中にある「LAN（Leaders' Active Network）、兵庫県立大学学生災害復興支援団体」は2011年9月の第三回目のボランティア活動の際に、大学の企画する活動だけでなく学生が主体となった活動の必要性を感じた学生たちが中心となって作られた、被災地支援のための学生団体である。また、「UHK（University of Hyogo for Kumamoto）」はLANの一部学生を中心として熊本地震被災地を支援するために集まった学生たちで組織され、防災教育センター教員有志の呼びかけに応じて自主的に支援活動を行った。LANは福島県を支援することを中心として活動しているが、熊本地震や平成30年7月豪雨の際には被災地支援のための募金活動、また、被災地支援以外では阪神・淡路大震災の追悼行事や兵庫県内の未災地における事前の防災対策関連の行事にもボランティアとして積極的に関わっている。LANの活動については別項で詳しく述べる。

写真9-7　NPO法人「野馬土」の皆さんとの集合写真。中央の男性が三浦氏

　学生団体LANとセンターの支援活動であった福島県でのボランティアは、宮城大学と協働実施していた南三陸町でのボランティア活動終了後に、大学公式でセンター主導のボランティア活動と位置づけ、現在まで続いている。福島県における活動の目標は、福島第一原子力発電所事故に伴う福島県産農産物の風評被害

を軽減するためにできること、例えば「農業従事者と共にジャガイモの植え付けと収穫（放射線の影響がなくなり、農作物を作ることができるようになったというアピールを県外に人に知ってもらうという意味がある）」を行うことなどであった。活動の際には、福島が置かれている現状を理解するために、福島の活動を現地で支えてくれているNPO法人「野馬土」の代表である三浦広志氏から被災直後から現在までの復興の様子を必ず学んできた（写真9-7）。その後被災住民を励ます活動である「祭り」を春と夏の年2回実施するなど、活動内容が拡がってきている。詳しくは別項（災害復興支援団体LANの取り組み）に譲る。

▌9-2　学生ボランティア登録者数の推移

図9-2に、2011年度防災教育センター発足と同時に始めた学生ボランティ

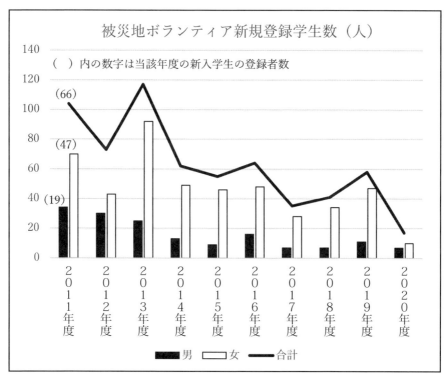

図9-2　学生ボランティアの登録者数の推移

ア募集の登録者数推移を示す。2011 年度はその年の 3 月に発生した東日本大震災のインパクトが大きかったために、合計 104 名（男 34、女 70 名、括弧内の数字はその年の新入生の登録者数）の学生が登録してくれた。この図でわかるように、男子学生よりも女子学生の方がより多く登録してくれている。また、登録者の学部については、環境人間学部、看護学部、そして工学部の順で多く、男子学生では工学部、女子学生では環境人間学部と看護学部が多い。

　その後、登録者数は徐々に減ってきている。兵庫県立大学の入学定員が 1 学年約 1,300 人という数字から見ると、多いとは言えない状況と考えられる。しかし、被災地支援に限らずボランティア活動は学生教育の一機会として重要であり、大学として大いに推進していくべき取り組みと考えられる。大学本部が「ボランティア支援室」といった学生のボランティア活動機会を提供し、支援する学生を支援する組織を持ち、ボランティアのような社会や地域での貢献活動を推進していくべきと考える。それが叶わないのであれば、センター主導で行っている現在の災害ボランティア登録制度を維持し、活動機会の提供と教員による活動前・中・後のフォローを今後も継続していく必要があると考える。

　登録者数と防災教育ユニット（防災リーダー教育プログラム）の登録者数に関する分析は森永（2021）で詳しく紹介しているので、参考にしていただきたい。

▪9-3　ボランティア活動後の学生の感想

　各回のボランティア活動修了後には、参加学生から事後レポート（感想文）を提出してもらっている。ボランティア活動内容の変化に伴って参加者の感想は変化しているが、どれも若者らしい感受性豊かな感想となっている。また、支援活動を同じ被災者や被災地に対して継続的に行っていくことの大切さとそこから得られる学びの大きさについて気付いてくれている。学生からのレポートは多数あるが、ここでは 13 回続いた宮城県（当初は石巻市、3 回目からは南三陸町を定点として継続実施）におけるボランティア活動のうち第 1 回目〜第 6 回目の活動後の感想の一部を抜粋して以下に紹介する。なお、所属と

学年は参加当時のものである。

（第1回；2011年5月　宮城県石巻市における瓦礫撤去のボランティア活動）

　理学部1年女子学生：たった1回のボランティア活動では、現地に行って状況を見ただけにすぎないと思いました。はじめて経験した私ですが、これからも現地に行ってボランティア活動を続けていくことが大事だと気づきました。大学からのボランティア活動として行けなくても、何らかの形でまた活動したいと思います。その一つとして、兵庫県にいながら被災した方々にできる支援を考えていかなければと思いました。なぜなら被災した方々が普段の生活を送れていないのに、自分が兵庫県で何不自由なく生活をしていることにとてももどかしさを感じるからです。私は今回の学生ボランティア活動に参加できてとてもよかったです。短い時間でしたが、他の学部の人とも仲良くなれ、宮城大学の人とも協力し、交流できて有意義でした。こんな機会を作ってくださりありがとうございました。この経験を活かしてさらなるボランティア活動につなげていきます。（註；この学生はこの後LANメンバーとなり、継続した支援活動を行うことになった。）

（第2回；2011年7月　宮城県石巻市における瓦礫撤去のボランティア活動）

　看護学部1年女子学生：石巻市にある小学校の前を通った。校庭は水に浸かり、使えない状態である。震災以降、学校が再開している様子はなかった。校門前の掲示板には3月の予定が飾られたままである。その小学校で、私は忘れられない光景を見た。教室の窓から校舎の壁にスローガンを掲げていた。『いのちを大切にする子』。涙がこぼれそうになるのを必死にこらえた。この小学校に通う児童たちは自分の命を守れただろうか、友達や家族は無事だっただろうか、この震災を幼いながらにどう受け止めているのだろうか、何を思いながら今生活しているのだろうか、命のことを今どう考えているだろうか……。やりきれない気持ちになった。・・・（中略）・・・　活動中、今ある生活のありがたさを何度も感じた。同じ日本に住んでいても、場所が違うだけでまった

く逆といっていいほど生活が違う。私たちは、支援を続けていくだけでなく、命あることに感謝し、人生を精一杯充実させていくことも必要なのではないかと思った。(註；この学生もこの後 LAN メンバーとなり、継続した支援活動を行うことになった。)

　経営学部 3 年女子学生：海に隣接した地域は見たことのない世界だった。破壊された工場、巨大ながれきの山、積み重なって整理された破損車。そして、なにもない広々とした地面に、ぽつぽつと残る家。津波の恐ろしさを物語っていた。がれきにはおびただしい数のハエが群がり、車内にまで外の空気の不潔さを感じることができた。この地域にはもう、人の気配が感じられなかった。破壊した町、崩壊した日常。復興の兆しをその地域に見つけることができなかった。ここに住んでいた人は今どうしているのだろう。そしてここが同じ日本であること、もしかしたら東北でなく、関西に大震災が来ていたとしたら、そう考えると、言葉にならなかった。すべての被災地が復興するまでボランティア活動を続けていこうと思った。

　環境人間学部 2 年男子学生：2 回続けての学生ボランティア活動の参加であったが、何度も参加することで違った見方ができる。次回参加できる可能性は応募者数の都合上低いかもしれないが、私はこれからも学生ボランティア活動にすべて参加していきたい。こういう機会に携われることを、私は非常に誇りに思う。また、今回のボランティア活動での出会いを、これっきりではなくこれからも大切にしたい。(註；この学生もこの後 LAN メンバーとなり、継続した支援活動を行うことになった。)

(第 3 回；2011 年 9 月　宮城県南三陸町での傾聴活動)

　看護学部 3 年女子学生：今回のボランティアでは本当に様々なことを学ばせていただきました。行く前は「被災者の皆さんに不安な気持ちを打ち明けてもらって、少しでも楽になってもらえたらいいな。」と思っていましたが、自分が思っていたように上手くはいかず、被災者の何かの力になれたのだろうかと思いました。でも今考えるとこのような短期間で何かの力になるという考え

自体がおこがましいと思いました。現地の人たちからすると、私たちはたくさん来るボランティアの一人にすぎません。自分が力になれたと実感できるためには長い月日と継続的な活動が必要だと思いました。継続的な活動と言っても、現地に行くだけがボランティアではありません。兵庫にいてもできるような活動を、これからは学生主体で考えていけたらいいなと思います。そして、「何かの力になりたい！」というよりは、「何か力にならせてもらえることはないのだろうか。」という姿勢が必要だと思いました。ボランティアが主体ではなく、あくまでも現地の人が主体です。何が必要か、ということはこちらが決めることではありません。だからといって、現地の人が全て必要なものを分かっているとは限りません。客観的な視点や、専門的な視点からしか気づくことのできないニーズも必ずあると思います。現地の人のニーズも知りながら、客観的な視点で、本当に今必要なことは何なのかということを考える必要があると思います。（註；この学生はこの後LAN設立の中心となり、継続した支援活動を行うことになった。）

（第4回；2011年11月　宮城県南三陸町での傾聴と健康支援（スマイル健康塾）の活動）

　環境人間学部2年女子学生：帰りは道が混んでいたこともあり、18時間の長旅となった。しかし、バスの中で兵庫県立大学の学生団体の設立に向けての話をしたりして、今回の反省もしつつ、気持ちは次へと向かっていたので、あまり苦にならなかった。キャンパスごとにメンバーがバスを降りていく。また、みんなと一緒に活動できますように。私たちメンバー内で、宮城大学の方々にお世話になるばかりではなく、自分たちでも団体をつくり、自ら行動していきたいと声を上げてくれた人がいた。そのため、その人を中心として団体を設立し、具体的な活動に向けて準備中である。これからは、団体での活動を通して、少しずつでも、被災者の方々の気持ちにより添える人材になっていきたいと思う。（註；この学生もこの後LAN設立の中心となり、継続した支援活動を行うことになった。）

（第5回；2012年9月　宮城県南三陸町での漁業復興支援活動）

　工学部3年男子学生：漁師さんから被災当時の話を伺った。印象的だったのは、被災して孤立した馬場中山地区で生き残るためにサバイバル生活を送ったという話である。食べ物は瓦礫の中から拾い、ガソリンは壊れた車から抜き、みんなで協力して生き延びたそうである。一番困ったのはトイレで、地面に穴を掘ったりしながらどうにか過ごしたそうだ。私の想像をはるかに超える話であった。また、人の絆の必要性を強く感じた。一人ではできないこともみんなでやればできる。LANも絆が強くなれば何でもできるというくらいの力を持った団体になって欲しいと思った。ある学生が「今でも海が好きですか？」という質問をすると「海に出ると嫌なことも忘れる、やっぱり海がすきだな」との答えが返ってきた。これが海で生きる人なのかと思った。本当にそう思っているのかはわからないが、そうやって答えられるくらい強い人たちだなと思った。（註；この学生がLANの立ち上げを発案し、初代の代表になった。）

　看護学部2年女子学生：今回の活動を通して、本当に多くの学びがありました。漁師のみなさんから、今までには伺うことのできなかったリアルな現実も聞かせてもらいました。本当に貴重な体験となったし、これを伝えていくのは自分たちなのだとも感じました。震災から1年半が経ち、関西では震災のことを取り上げられることも少なくなってきています。しかし、今日も被災地の方々は復興に向けて頑張っておられるのです。この温度差がすごく悲しいのですが、それでも自分たちは、この温度差を埋めていける材料を持っているのです。そう自分に言い聞かせながら、被災地のために自分たちに今できること、そして未来に起きるかもしれない震災に向けて自分たちのために今できること、を実践していきたいと思います。最後になりましたが、今回はこのような貴重な機会を与えていただき本当にありがとうございました。

（第6回；2013年3月　宮城県南三陸町での漁業復興支援活動）

　工学部1年男子学生：友人に「宮城へボランティアに行ってくる」と伝えると「人のために、エライな」と言われることがある。しかし、限られた時間

の中で、我々にできることは限られているし、何もできていないのかもしれない。今回の活動もそうだったかもしれない。それでも、短期間の中で、いろんな人と出会い、そこで得た経験というのは、何より大きな財産だと感じている。何より、私はそこで築いた現地の人との「ご縁」を大切にしたい。この縁をその時だけのものにするのではなく、これを頼りに、これからも歌津の地を訪れたいと考えている。本当に、活動を通してお世話になった歌津のみなさん、またこのボランティアに携わった人すべてに感謝の気持ちでいっぱいです。ありがとうございました。（註；この学生は、この後 LAN の３代目代表になった。）

写真9-8　宮城県最後のボランティア活動（第13回目、2017年3月）
南三陸町歌津・馬場中山地区の漁師さんたちとの集合写真

参考文献

1　森永速男、大学生の被災地貢献活動に対する大学の教育・支援体制のあり方－兵庫県立学副専攻「防災リーダー教育プログラム」－、社会貢献学研究 4-1、1-8、2021.

防災・社会貢献ディベート大会への参加

浦川 豪

▊10-1　防災・社会貢献ディベート大会について

　防災・社会貢献ディベート大会[1]は、2010年より高校生、大学生、大学院生、社会人が参加して開催されている（2020年は中止）。本学では、第6回大会より防災教育ユニット特別専攻生（現、副専攻生）の選抜チームが出場している。防災・社会貢献ディベートは、以下の効果が期待されるとされている。

　「防災・社会貢献ディベートはエビデンス（論拠）を集める過程で過去の調査結果や考察、対応事例等の知識を得るとともに、討論の過程で相手の主張を理解、事実誤認や不十分な説明を指摘、説得しながら、プランを立論・検証していく能動的な学びの場です。同時に、傾聴力、プレゼンテーション能力、洞察力、調査力、コミュニケーション力、論理的思考能力の向上が期待され、教育的効果の高いものです。」

　副専攻を受講している学部生は、専門の講義を受講し、多くの知識を得ることができるが、防災・社会貢献ディベートに参加することで、与えられた論題を深く掘り下げ、チームで調査、議論し、立論をまとめるプロセスを経験することとなる。ディベートの技術を習得し、勝利することは重要であるが、ディベート大会に至るまでの学び、チームメンバーとの協力といったプロセスを重要視している。

　ディベートは、与えられた論題に基づき肯定側と否定側に分かれ、その議論を通して第三者であるジャッジ（審判）を説得することで勝敗が決まる。肯定側は如何に絞り込んだ議論ができるか、否定側はその議論を広げ、立論内容の不十分な点を指摘できるかが争点となる。一般的にはディベートの技術を習得することで、立論を様々な角度から指摘する否定側が有利と言われるが、自分たちで関連情報を収集、整理し、論理的な立論を立案するプロセスを重要視している。

写真10-1　ディベート大会の様子

▊10-2　学生による立論の紹介

　ここでは、これまで参加した大会の中から「わが国は歴史的建造物の防災・復興対策を最優先すべきである」、「わが国は、防災省を設置すべきである」、「わが国は『災害ボランティアの登録・派遣制度』を導入すべきである」を取り上げ立論の内容を紹介する。

　立論作成では、立論の「基本的哲学」を述べ、言葉を「定義」し、その「論点」を明確にし、具体的な「プラン」を述べることが求められる。主張する内容を論理的に構成することとその根拠を明確にしめすことが求められる。

（1）わが国は歴史的建造物の防災・復興対策を最優先すべきである

　歴史的建造物は、日本の長い歴史的な出来事から生まれたものやそれぞれの地域の風土により生まれたものであり、日本固有の日本の象徴です。それは時代の潮流とは無関係の、日本に暮らす私たちがその価値を再認識し、次の世代に残すべき失われてはいけない存在だと考えています。

　我が国では、これまでの災害を教訓として様々な防災・復興対策が実施されています。　しかし、これまでの歴史的建造物の防災・復興対策は国全体の政策の中で重要視されているとは言えません。私たちは、「今」、歴史的建造物の

防災・復興対策を最優先すべきであると考えます。

　私たちは、歴史的建造物を次の二つに定義します。

　一つ目は、「国や都道府県指定の文化財を含めたその地域に暮らす住民にとって欠かせないものとなっている建造物」です。文化財保護法で言うならば、有形文化財や有形民族文化財、史跡と区分されている建造物を指します。

　二つ目は、「地域の風土により自然発生的に生まれた街並みを構成する建造物」です。文化財保護法で言うならば、文化的景観及び伝統的建造物群を構成する建造物であり、そこには住宅も多く含まれます。

　また、防災・復興対策とは、災害で人が死なないための対策、災害発生後の救命・救助、避難等の対応策、復興策について事前に議論し、政策を実施しておくこととします。

　そして、歴史的建造物の防災・復興対策を最優先すべき基準を、①文化的価値、②経済効果、③制度と対策の現状とします。

　①、②の歴史的建造物の価値と③の防災・復興対策を基準とすることで、歴史的建造物の防災・復興対策を最優先すべきであると考えます。

　次に論点を述べます。

Ⅰ．地域に密着した歴史的建造物には文化的価値がある

Ⅱ．歴史的建造物は観光資源となっており、地域に経済効果をもたらす

Ⅲ．歴史的建造物の防災・復興対策は不十分である

　まず、論点Ⅰについて述べます。

　世界最古の木造建築として知られている法隆寺は607年に建築されたように、長い歴史の中でつくられた文化的価値の高い歴史的建造物が今もなお日本には多く残っています。

　次に、論点Ⅱについて述べます。

　世界旅行ツーリズム協議会によると、GDPにおける旅行・観光産業の直接寄与額は、2015年は12兆8958億円となり、ハンガリーのGDPに相当します。

　最後に、論点Ⅲについて述べます。

　住宅の防災対策では、「耐震改修促進法」に基づいた耐震化の助成制度、復

興対策では、「被災者生活再建支援制度」による被災者の早期自立再建を支援する仕組みが運用されています。歴史的建造物では、有形文化財の耐震化の助成、災害復旧事業への補助率の加算等の制度がありますが、文化的価値を有し、地域に密着している制度対象外の未登録建造物では、防災・復興対策の助成を受けられません。街並みを構成する建造物では、国が選定した建造物のみ、先に述べた同様の制度があり、選定外の住宅は、1981年以前の旧耐震基準で建てられた既存不適格建物とみなされます。

　私たちは、制度対象外の歴史的建造物の事前の防災・復興対策を検討することが最優先であると考え、論点Ⅰ・Ⅱを踏まえ、特にⅢに対するプランを述べます。

　まず、未登録の歴史的建造物への耐震化、復旧に関する助成制度とその運用を検討します。被災した建造物を復旧するための技術者の人材育成、人材確保を目的とした機関を各都道府県に設置し、普段は修復等の仕事に従事してもらいます。また、地域単位で加入できる地震保険への助成制度を検討します。

　次に、東日本大震災後に制定された災害対策基本法に基づく地区防災計画を各地区で策定します。住民参画による地区防災計画策定を通して、住民自身が地域における歴史的建造物の価値について議論し、地域の特性や実情に見合った計画を策定します。先に述べた歴史的価値があると考えられる制度対象外の全ての建造物が我々のプランの対象ではなく、住民の合意形成プロセスを通して地区防災計画に位置付けられた建造物が対象となります。さらに、今までのプランを国あげてのイベントとなる東京オリンピック、地方創生や地域再生法と連動させます。これにより早く対策が進み、財源の確保も可能となります。以上が私たちのプランです。

　先に述べた論点三つ：文化的価値、経済的価値、防災・復興対策の現状から、我々は歴史的建造物の防災・復興対策を最優先すべきであると考えます。

（2）わが国は、防災省を設置すべきである

　災害大国日本では、毎年、様々なハザードによる災害が発生しており、首都直下地震、南海トラフ地震の発生が切迫しています。これらの大規模災害は、

国難となる事態です。しかし、現在、日本の防災・減災対策は事態対処型の対策、言わば後手の対策であり、発災後の初動対応の遅れ等がみられます。国難となる事態にも対応するために先手の対策が必要不可欠であり、国の防災・減災専門組織として防災省を設置すべきであると考えます。

　私たちは、防災省と設置を次のように定義します。

　防災省は災害を未然に防止し、災害が発生した被害を最小限度に止め、被災地の復旧・復興、被災者の早期復興の支援を実施する内閣の統轄下にある行政事務をつかさどる機関とします。設置は機関を新しく作ることとします。

　次に、論点を述べます。

Ⅰ．一元的な組織体制を作るべきである。

Ⅱ．標準化された災害対応の仕組みを作るべきである。

Ⅲ．災害に靭い自律分散型の地域創造のために、防災道州制を導入する。

　まず論点Ⅰについて述べます。

　災害発生時に国の専門機関が最もすべきことは、迅速かつ適切な意思決定と効率的なオペレーションそしてコーディネーションです。これらの三つの要件を満たすために一元的な組織体制を作るべきだと考えます。

　現在の日本は、省庁間の縦割りでの災害対応による合意形成の遅れにより、初動対応等の遅れがみられます。また、組織間での連携不足により、被災地への適切な支援の足かせとなっています。国難となる事態に対応するためには抜本的な国家的な防災体制の変革が必要です。

　日本と同様に多くの災害に見舞われているアメリカには、連邦緊急事態管理庁、FEMAと呼ばれる災害対応を含む危機管理の専門機関が存在しています。

　FEMAから学ぶべき点は、災害時、大統領が連邦対応規模の災害であると宣言後、FEMAの長官が全責任を負い、事前に「連邦対応計画」に署名した政府機関の全ての災害対応資源を統括・管理していることです。その結果、災害対応において迅速な意思決定と効率的なオペレーションが実施できています。

　次に論点Ⅱについて述べます。

　現在は、各省庁において管轄となる災害対応をそれぞれのやり方、予算で実

施されています。内閣府は、それらをコーディネートしています。論点Ⅰで述べた一元的な組織体制の確立と連動した効率的なオペレーションを実施できる標準的な仕組みが必要不可欠です。

FEMAでは、組織体制と災害対応の運用面に着目した危機対応の標準化、ICS（Incident Command System）を確立し、マニュアル等のツールの開発、トレーニング・人材育成を行う総合的な仕組みを持っていることです。ICSは、インシデントコマンダーをトップに、オペレーション、プランニング、ロジスティックス、ファイナンスを危機対応に必要な五つの機能とし、インシデントコマンダーをリエゾン、広報、安全管理監が補佐する仕組みを確立しています。

次に論点Ⅲについて述べます。

私たちは、災害に靱い自律分散型の地域創造のために、防災道州制を導入します。防災省を設置することは、主に災害対応時、効果が発揮されます。しかし、被害が大きくなる根本的な要因は人が集中し、そこに構造物や都市機能が集中することにあります。

現在の日本は、東京一極集中、地方の少子高齢化が続くでしょう。防災省の設置をトリガーとし、防災道州制を導入することで、災害に靱い自律分散型の地域づくりとともに、日本の国土構造改革を実施します。

論点Ⅰ～Ⅲを踏まえ、我々が提唱するプランはこの三つです。

プランAとB：

論点Ⅰで述べた防災省という一元的な組織体制、そして、論点Ⅱの災害対応の標準的な仕組みが連動した国家的な災害対応マネジメントシステムを構築します。災害発生時は、防災省が災害対応を担う責任担当機関として、各省庁の災害対応チームを統括・管理することができるという意思決定の権限と責任を持てる一元的組織体制を防災省に導入します。広域災害発生を想定した地域の災害対応の格差を無くすために、ICSを参考とし、標準化された災害対応の仕組みを確立します。論点Ⅱで述べた、危機対応に必要な五つの機能に加え、状況に応じた組織編制等の組織のあり方に関する標準化、危機対応業務計画の策定等の災害対応の運用に関する標準化を実施します。

プランＣ：

　防災道州制導入により、災害に靭い自律分散型の地域づくりと人口一極集中を解消する政策を実施します。

　防災道州制は、既存の自治体のスケールのまま、県の上に防災州を設けます。一つの州は地勢や同等のハザードに直面している地域で構成します。防災州ごとに、防災省サテライトを設置し、災害対応の標準的な仕組みを定着させ、地域性を考慮した防災・減災対策を実施します。防災省サテライトは、地域のサポート、コーディネートの役割を担います。防災・減災を切り口とした防災道州制の導入により、それぞれの地域に人口が定着し、地域企業が成長し、結果として人口の一極集中を分散し、災害による被害を未然に少なくすることを誘導します。

　我が国は災害大国であり、いつ、どこで被災するかはわかりません。日本が大好きな私達が永く日本で暮らせるように、国難となる事態を想定した先手の国家的な防災・減災対策として防災省を設置すべきであると考えます。

(3) わが国は「災害ボランティアの登録・派遣制度」を導入すべきである

　まず肯定側として基本哲学を述べます。

　阪神・淡路大震災が発生した 1995 年はボランティア元年と呼ばれ、当時バブル景気が終焉した我が国では、改めて人と人との絆、助け合いの重要性を再確認することとなりました。その後も多くの災害が発生し、ボランティアセンターを中心としたボランティアをマネジメントする仕組みが確立しました。しかし、東日本大震災や近年の風水害にみられる広域災害が頻発し、十分な支援が行き届かない地域があったことなど新たな問題が指摘されています。さらに、アドホックに立ち上がるボランティアセンターの運営も課題であり、支援と受援の双方を高めていく必要があります。南海トラフ地震などの広域災害に備えて多くのボランティアが、必要な時に、必要とされている場所で活動できる仕組みづくりが求められています。したがって、私たちは「災害ボランティアの登録・派遣制度」を国の事業として導入すべきであると考えます。

次に言葉の定義をします。

　私たちは、我が国を日本の行政機関と定義します。また、「災害ボランティア」とは災害対策基本法に準ずる災害において、「自発的な意志に基づき他人や社会に貢献する行為を行う個人・支援団体等の組織」と定義します。さらに、「登録・派遣制度」とは個人がボランティア登録を行い、支援が行き届かない被災地をできるだけ少なくする枠組みとします。したがって、「制度」とは広辞苑による「社会的に定められている仕組みやきまり」とします。

　私たちはこれから二つの論点を述べ、そのうえでプランを示し立論とします。論点Ⅰ、災害ボランティアの偏在を回避する仕組みの必要性。

　必要な支援が公平に行き届くことが理想ですが、全ての被災地ニーズに応えることは困難です。しかし、我々の力で支援が行き届かない被災地を最小限にすることは可能であると考えます。ここで、被災地支援に係わる専門家の意見を引用します。

引用1：兵庫県立大学院減災復興政策研究科宮本匠氏からのヒアリングによると「熊本地震発生後、多くの支援が益城町に集中していました。近隣の西原村も深刻な被害があったにもかかわらず、支援が行き届いていなかったため、西原村を集中的に支援することにしました。」

　つまり我々は、マスメディア等からの限られた情報をもとに支援先を決めざるを得ない状況にあると言え、その結果、ボランティアの偏在が生じてしまいます。被災者のニーズ、ニーズに対して必要な人的資源を把握し、それらを一元的に管理・共有することは難しいですが、いつ、どこに、何人程度のボラティアが訪れるかの予測を国民で共有することは可能です。見積もりが立たないことが、支援側、受援側の主たる課題を引き起こしていると考えます。特に、行政が災害ボランティアを拒否した事例がこれまでにあり、深刻な課題であると考えます。

論点Ⅱ、さらに多くの国民が災害ボランティアとして活動する文化を定着させるための政策を検討すべきである。

　被災地の早期復興のために、災害ボランティアはなくてはならない存在です。

「volunteer」の原義は「自らの意思で行動する人」です。さらに、哲学者であるラッセルとアランは幸福論の中で「自らの意思で行う活動において、社会課題を解決することは人生の幸福感を高め、社会全体の調和を生む」としています。つまりボランティア活動に参加し、個人や社会に貢献することは人生を豊かにするといえます。こうした価値観を定着させ、さらに多くの国民が災害ボランティアに参加する、参加しやすくなる具体的な国の政策が必要であり、結果的にボランティア絶対数を増やすことになると考えます。

　論点Ⅰ、Ⅱを踏まえ、我々が提唱するプランはこの三つです。

プランA

　まず論点Ⅰに対し、内閣府が担当省庁となり、災害発生以前からボランティアの事前登録が可能なアプリを導入します。事前登録を行い、発災後、行き先と日程を本登録するものとします。被災状況の最新情報と登録情報をデジタル地図等で可視化し、共有します。ボランティア希望者は、その集中度の予測値を時間と空間で知ることができます。これらの情報から支援の少ない地域への支援活動を自らで選択することができ、ボランティア参画型の情報共有の仕組みとなります。またそれらの情報を受援側も把握できることで、受援力向上も期待できます。ボランティアの派遣までをマネジメントするのではなく、自発的な意志に基づくというボランティアの原則にのっとった国家的な仕組みになります。

プランB

　次に論点Ⅱに対し、内閣府と厚生労働省が連携し、ボランティア登録・派遣制度を働き方改革で推進します。現在、我が国では働く方一人ひとりがより良い将来の展望を持てることを目指した働き方改革が進められています。我々はその理念に基づき、ボランティア活動への参加を推進します。これによって企業側のボランティア休暇への配慮など、国民がボランティア活動に取り組みやすい社会づくりに貢献できます。結果的に、総人口の半数以上を占める就業者からのボランティア参加の絶対数と、質の向上が期待できます。また、休日や連休への偏りも軽減されると考えます。

プランC

　論点IIに係わるもう一つの政策として、多くの大学生がボランティア活動に参加できる支援の枠組みを作ります。内閣府と文部科学省が連携し、大学からのボランティアバスの助成や大学間のカウンターパート制のコーディネーション、また大学側はボランティアに参加する大学生の授業が公欠扱いとなる「ボランティア公欠」を検討します。被災地の様々な実情と災害ボランティアの重要性を経験した学生は、近い将来、社会で働きながら災害ボランティアに参加する人材となり得ると考えます。

　以上が私たちのプランです。

　先に述べた論点二つとそれを実現するための三つのプランから我々は災害ボランティアの登録・派遣制度を導入すべきであると考えます。

　私たちは、被災地支援活動を経験し、被災した方々が必要としている時に支援したいと思っています。阪神・淡路大震災の教訓を多くの世代で見つめなおし、学び、国民同士が自然と助け合える、手を取り合える災害ボランティア文化を作っていく必要があると思っています。

▌10-3　ディベート大会参加による教育効果

　本学からのチームは、2016年度のディベート大会では準優勝となる実績をあげているが、大会での成績以上に、そこまでの準備や参加メンバーが協力するプロセスが、学びの機会としては重要である。参加メンバーは、ディベート大会まで約3ヶ月にわたって集まり、様々な資料を読み込み、議論を重ねて論理構成を考えて立論を作成し、さらに大会で予想される議論に備えていく。準備が順調に進む年ばかりではないが、その困難な経験を含めて、学生にとって貴重な成長の機会であり、良き思い出となるものと願っている。

注
1　防災・社会貢献ディベート大会HP
　　http://debate-bosai.info/，2021年6月25日

11 兵庫県立大学学生災害復興支援団体 LAN (Leaders' Active Network)

森永 速男

■11-1 はじめに

　LAN (Leaders' Active Network) の学生が、主体的に被災地を支援したいと考え、活動し、さらにその思いを後輩たちにつないでいるその姿はとても頼もしい。2011 年の 12 月に発足した LAN は、東日本人震災の被災地である宮城県南三陸町や福島県相馬市周辺、そして 2016 年熊本地震や平成 30 年 7 月豪雨などの被災地で支援活動をするだけでなく、兵庫県内の、阪神・淡路大震災被災地での追悼行事や将来南海トラフ巨大地震の発生により大きな被害が想定されている南あわじ市などでの災害に備える防災・減災活動にも参加・協力してきた。そのような過程で、「学生飛躍基金事業 優秀部活動等奨励金」を 2 度受領し、大学本部からもその活動が高く評価されている。また、多数のメディアでもその活動が取り上げられてきた。

　彼らの存在や活動は、防災教育研究センターにとってもとてもありがたい。センターには防災・減災に関わる地域貢献活動への参加・協力が多数打診される。これらをこなすためにマンパワーは必須で、それを担ってくれているのが防災教育ユニットの特別専攻生（現・防災リーダー教育プログラムの副専攻生）や LAN の学生たちである。これらの学生たちも被災地や未災地での防災・減災活動に参加することで学ぶことも多く、センターと学生が共に Win-Win な関係となっている。ここでは、過去 10 年間の彼ら、特に LAN の学生たちの活動を紹介する。

■11-2　LAN の発足

　2011 年 9 月に実施された、兵庫県立大学主催・第 3 回の東日本大震災被災地（南三陸町）での傾聴ボランティア活動（金曜日夕刻出発で月曜日早朝帰着、現地 1 泊・車中 2 泊 4 日）の帰路で立ち寄ったサービスエリアで、男子学生

186

と女子学生が筆者（森永速男）に話しかけてきた。「学生主体でもっと多くの支援活動をしたいけれど、どうしたらよいか？」との問いかけであった。第1回（同年5月）と第2回（同面7月）の学生ボランティアは主に瓦礫撤去の活動であり、この第3回目が初めての被災者の心のケアとしての傾聴活動であった。それまでの瓦礫撤去の活動では、活動実質2日間、さらに午前と午後それぞれ2時間ずつ（熱中症対策などのため、活動時間が制限されていたため）、つまり合計8時間の作業でできることは少なく、被災者と接することがほとんどなかったため、「激烈で広大な被災地で自分ができたことの小ささに絶望した」学生がいた。それとは対照的に、傾聴活動は被災者のお話を単に聞くだけではあったが、その際のコミュニケーションの難しさや聞いた話から気づき、考えを巡らすことが多く、より深く被災者と関わり「何かをしたい（しなければならない）」との思いが強くなったのではないかと考えられる。

　彼らの問いかけに対して「防災教育センター（現在、防災教育研究センター）として、そして一教員として応援する」と回答し、まずはどれくらいの学生が共感・同調してくれるのかを活動後の反省・報告会で調べることにした。その後、第4回目の活動を経て、過去4回の活動に参加したメンバーの中から約10名が彼らの思いに共感し、2011年12月に兵庫県立大学学生災害復興支援団体LANが発足した。なお、兵庫県立大学には神戸商科キャンパスの学生たちが東日本大震災被災地を支援する同様な団体「Bridge」を同じ頃に結成し、特に東北地方の物産品を兵庫県で紹介・販売するなどの被災地支援を行っている。この学生団体は防災教育研究センターとの関わりが薄いのでここでは紹介しないが、LANだけが被災地支援の活動を行ってきたのではないことは知っておいていただきたい。

■11-3　LANの活動（放射線被災地；福島県相馬市周辺）

　兵庫県立大学では、東日本大震災被災地での学生ボランティア活動を現地の公立大学法人である宮城大学と連携して実施していた。被災地内の大学ということもあって、宮城大学はきめ細やかな支援活動を行っていたが、兵庫県立大

学が参加できないときにも南三陸町での活動を実施していたが、その活動にLANメンバー3名が参加している。自主的な活動といっても東日本大震災の被災地は地理的にも、また学生身分では経済的にも遠いため、当初兵庫県立大学が運営する以外で活動ができたのはこの時の一度だけであった。彼らは活動資金、特に被災地東北と兵庫県間の往復の交通費を確保するために兵庫県立大学の同窓会（県立大学統合前から続く淡水会［旧神戸商科大学の同窓会］や姫路工業倶楽部［旧姫路工業大学の同窓会］など）にカンパのお願いに出向いて、そこでいただいたカンパを使って宮城県を往復し、宮城大学看護学部の有志学生により組織された「絆むすび隊」と共に高齢者の健康支援活動（スマイル健康塾）を行った。

その後、連携先である宮城大学が活動しないときに単独で活動することが簡単ではないこともあって、LANは東北の被災地で学生ボランティアを継続的に受け入れてくれるところを探していた。福島第一原子力発電所の事故によって放射線被災地にもなった福島県相馬市に防災教育研究センターの浦川准教授のかねてからの仕事仲間（相馬市役所職員・只野氏）がいるとの情報を得て、筆者が2012年6月に相馬市役所を訪問し、只野氏から只野氏のお父様、そしてその後設立されたNPO法人「野馬土」（https://nomado.info/story/）の理事長・三浦広志氏を紹介していただいた。

野馬土は、「福島の被災農家を支えよう」、「福島を第2の水俣にするな」、「人々の支えになる復興の砦を築こう」という目標で被害を受けた農家さんたちが中心となり設立されたNPO法人である。筆者が訪問したちょうどその頃、フランスの財団から寄せられた市民の義援金が発端となり、農産物の直売所やカフェの建設を始めようとしていた。兵庫県立大学の学生ボランティアLANがカフェの建設に協力する、そしてLANが福島を訪問できる日程に合わせて建設作業をするという内諾を三浦氏から取り付けた。

この支援内容を持ち帰り、「兵庫県立大学としての（公式）学生ボランティア活動」に位置づけてもらうために大学本部に相談しに出向いたが、「住民が生活しているとはいえ、大学として放射線被災地である福島県に学生を行かせ

ることはできない」という回答であった。確かに、放射線に関することで何らかの事故があった場合には大学への批判は免れないだろう。残念ながら、当時はまだまだそんな雰囲気があった。しかし、「知識を持って何がどこまで危険かを判断できる大学の教員や学生が放射線被災地を支援しないで他に誰ができるのだ！そこで人は生活をし、農業の復興に頑張っているんだ！」という思いがあり、なんとしてでもこの支援活動を実施したかった。このことを LAN メンバーに伝えると、メンバーから「公式に活動ができないのなら、学生の自主的な活動として行いましょう！」との返事をもらった。私たちセンターの教員は、この取り組みを大学の教育活動とはせず、彼らの活動を研究者として考察・支援するという立場で関わることにした。とは言っても、その線引きは曖昧で、「何らかの事故があれば、私たち教員の責任は免れないだろう」という覚悟を持って臨んだ。

　カフェの建設は東京の NPO 法人「有形デザイン」のプロ集団と地域の皆さん、そして LAN メンバーとセンター教員が協働して進められた（写真 11-1）。LAN メンバーと教員の建設作業への参加は 2012 年 8 月、11 月、12 月、そして 2013 年 3 月の 4 回であり、これらの日程で直売所とカフェ（野馬土カフェ）が完成した。この活動のために相馬市を往復する学生たちの交通費や宿泊費は、原則として彼らの自費負担でまかなわれたが、初めての時には筆者が神戸から現地まで自家用車を往復で運転して移動したり、現地では農家に無償でホームステイさせてもらったり、また別の折には現地での移動には筆者が借り上げ運転するレンタカーを利用したりと、できるだ

写真11-1　2012年8月に行われた第1回目のカフェ建設作業に関わったメンバーと作りかけのカフェ（後方）

写真11-2　野馬土カフェで三浦氏から
被災時の様子や復興過程を学ぶ勉強会
（2014年3月）

写真11-3　福島第一原子力発電所から5
kmの所にある浪江町請戸小学校（2019
年3月）

け参加学生の経費負担を小さくする努力をしながら実施された。

　野馬土カフェが完成し終えた2013年度から、LANは定期的に年2度（例年8月と3月）の訪問を続けてきた。訪問の際には必ず、三浦氏から東日本大震災をもたらした地震や津波の様子や被害の状況、そしてその後の復旧・復興過程の進展具合を学び（写真11-2）、福島第一原子力発電所20km圏内で避難指示が解除された区域内を案内して頂きながら被災や復旧の状況を視察している（写真11-3）。この学びと視察は学生にとって極めて有意義であり、兵庫県に居ては知らされない被災地の多くの課題や現状を学べる良い機会になっている。また発災時の三浦氏の自宅がしばらく避難指示の出されていた区域（南相馬市小高区）にあったことから、被災者以外が一般的には見聞きできないところを丁寧に視察することができている。

　この勉強会や視察とともに当初から行ってきたのが、ジャガイモの種芋植え付けと収穫（写真11-4）であった。これは農民連青年部の方々と一緒に行い、農業の復興と農作物の風評被害払拭を目指す活動で、収穫したジャガイモは秋に行われる大学祭で味噌汁などの具として使用して販売し、大学祭などでは同時に福島の復興状況などの活動報告を行っている。

　野馬土カフェ建設作業が終わった後に始まった勉強会での学びや被災地の視察、そして農業の体験はLANメンバーにとって被災地や被災者からの貴重な

学びであったが、その頃のメンバーたちは被災地や被災者に対する支援活動ができていないことに疑問を感じていた。一方、これらの学びや体験に関わってくれている現地の人たちからは、「忘れずに年2回、定期的に訪れてくれる学生たちが居ることで、"福島は忘れ

写真11-4　春に植えた種芋が成長して実ったジャガイモの収穫（2016年8月）

られていない"と感じることができている。そのおかげで元気をもらい、前を向いて明日からも頑張れる」と学生たちの訪問に心から感謝してくれていた。その感謝の気持ちに応える意味でも、LANメンバーは「自分たちの企画と運営で被災地を励ますイベントを！」と考え、2015年8月から始めたのが「夏（もしくは春）祭り」（写真11-5と11-6）であった。これは相馬市周辺の被災住民、特に子どもたちに楽しんでもらおうと企画し、実施してきている。この祭りの開催によって、被災直後に関われていない次世代のLANメンバーも支援活動に関われているとの認識を持てるようになっている。この祭りには、毎回楽しみにして参加してくれる家族連れがいたりと、年2回催される兵庫県の大学生との交流を楽しみにしてくださっている。

写真11-5　LANメンバーが企画・運営した夏祭り（スイカ割り、2016年8月）

写真11-6　LANメンバーが企画・運営した夏祭り（定番のスライム作り、2019年8月）

■11-4　LANの活動（熊本地震や平成30年7月豪雨の被災地ボランティアと兵庫県内イベントの運営）

　2016年の熊本地震の際にもLANの学生たちが現地におけるボランティア活動に参加してくれた。第1回目の活動（2016年4月28日〜5月1日）が急遽決まったこともあって、登録ボランティアへの募集を見送り、LANメンバーに呼びかけた。6名のメンバーが手を挙げてくれ、往復レンタカーなど2台と神戸・別府間のフェリーを利用して西原村での活動を実施した。活動内容は、瓦礫撤去、足湯（写真11-7）、そしてキッズルーム（写真11-8）の開催であった。特に、足湯では避難所の高齢者に、キッズルームでの遊びでは子どもたちに好評で、被災者が打ち解けやすい若者であるLANメンバーの参加はありがたかった。

　また、平成30年7月豪雨の被災地である岡山県真備町（写真11-9）や広島県坂町でのボランティア活動にも、ボランティア登録学生とともにLANメンバーが参加してくれた。特に坂町では、「心のケア」活動として被災者と一緒にそばうちやピザ作りなどを実施したり、足湯、歌、マジックやダンスなどを披露したりと、主体的に企画、準備、そして運営を行ってくれた（写真11-10）。

　以上で紹介した以外にも、LANメンバーは、防災教育ユニット特別専攻生（防災リーダー教育プログラム副専攻生）とともに、神戸市内の阪神・淡路大震災追悼行事や兵庫県内で事前の防災対策を実施している地域でのイベントなど多

写真11-7　足湯ボランティア

写真11-8　キッズルーム

写真11-9　岡山真備町でのボランティア活動

写真11-10　広島県坂町でのボランティア活動

数の活動に積極的に参加し、ときには主体的に取り組んでくれている。

▌11-5　LANメンバーの生の声

　以前、LANメンバーに、以下のような7項目のアンケートに答えてもらった。彼らの生の声を抜粋して紹介する。

（1）LANメンバーになった理由は何ですか？

・東日本大震災がきっかけで、今まで経験のない被災地支援をしてみたい。

・能動的な活動や組織作りに挑戦したい。

・プレゼンテーションとコミュニケーションのスキルを向上させたい。

・元々被災地支援やボランティア活動に興味を持っていた。

(2) 被災地支援活動で学んだことは何ですか？

• 支援ボランティアと被災者との関係を越えた人間同士の関係性が大切だ。

• 被災地の現状を知り、被災者の思いについて考え学んだ。

• 瓦礫撤去作業だけがボランティアではない。被災者との交流もボランティアになる。

• 「体験し行動すること」の大切さ。

• 自分から積極的に動かないと何も変わらない。自分の行動を見直すきっかけとなった。

• 被災者に笑顔を届け、被災者が笑顔になること。

• 人との繋がりとそれを継続していくことの大切さ。

• テレビやネットだけではわからないことをたくさん知ることができた。

(3) 地域貢献活動で最も印象深かったイベントは何ですか？　またどうしてそう思いますか？

• 南あわじ市阿万の亀岡八幡神社の春祭り。地域住民に複数回関わる内に住民の温もりを強く感じることができた。

• 地域の方との交流活動。「人と関わるときは、一人ひとりの人間性を大事にするという心がけが重要」と気付いた。「お手伝いしてくれる学生さん」から「地域の一員」として認めて頂いた。

• 南あわじ市福良の「津波防災フォーラム」。LANだけでなく、舞子高校などの他機関の人たちとの協働が成果を挙げた。

• 南あわじ市阿万地域で行われた小学生を迎えた防災キャンプ（写真11-11）。食料の大切さや危険な場所を、身をもって勉強するのはすごく貴重な機会だ。子どもたちと触れ合うことで学ぶことがたくさんあった。

• 南あわじ市阿万海岸の防潮壁描画イベント。住民と笑顔で接することで会話が進み、皆が笑顔になった。思い出の場所が増えた。

(4) 地域貢献活動（阿万、舞子や県内の活動）で何を学びましたか？

写真11-11　子ども×大学生　防災キャンプ

・将来住みたいまちを探すために、まちの住民や魅力などを知り、興味を持つことが大切。

・多くの防災・減災に関する知識。

・地域の方々と交流でき、その地域の環境や歴史を学べ、活動の大切さや魅力を感じた。

・人とのつながりを大事にし、後輩たちが活動を続けやすくすることがとても大事。

・活動に参加して楽しむだけでなく、目的を忘れてはいけない。

・活動を行う中で、自分の良さや特徴が見えてくる。

・どの課題に目を向け、どのような方法が良いかを「早期に考え」つつ、「自分を試す場」として良い機会。

・様々な年代の方に伝える新たな手法を学ぶことができる。

(5) 地域貢献活動を通して、関わった地域に変化はありましたか？　あれば、どんな変化でしたか？

・防災という観点から見ると、あまり変化したとは思えない。イベントへの参加者は決まっており、大多数は参加しない。地域に防災意識を根付かせるには長い時間がかかるので、継続的に関わる事が重要。

・新聞に活動が掲載されることがあり、LAN の活動は地域への影響力が大きい。

(6) 学生の地域貢献活動は重要ですか？　重要だとしたらどんな理由からですか？

・活動したことを考え、広め、学びや経験を将来に亘って活かせるのは大学生だから。

・防災活動を通して災害時に命を守れる可能性が格段に向上し、防災の知識を伝えた地域の方々に「自助」と「共助」を意識してもらえる。

・社会や地域の今に目を向け自分のキャリアや自分について深く考え、その中で様々な人に出会い、今なおその人たちと繋がり続いていることは財産であり、それが得られる非常に良い機会。

・大学生だからこそ、若者としての力もあるし、地域を元気にする力になれる。

・社会人と比べて時間もあり柔軟に行動できる大学生の活動は重要。

・大学生は小・中学生と大人の中間にいて、幅広い年代層を繋ぐ役割ができる。

・地域で実際に活動し、人と関わることで感じることもあり、考え方も変わる。

(7) 他の学生に LAN 加入を勧めるアピールをお願いします。

・体験や他者の考えの共有、自分の考えのプレゼン機会など、いろんな場面を持てる。

・メンバーみんなで考えて活動した後の達成感が素晴らしく心地よい。

・自分の意見を伝えるプレゼンテーション能力を上げるチャンス。

・何でもいいので、とにかく、行動しましょう。その想いを発信しましょう。全てはそこからはじまります。

・目標とする人たちに追いついて、追い越せる人になれるよう努力したくなる。

・自分の学部だけでなく、他学部の考えを知り、刺激を受けることができる。

・学生生活をより豊かにしてくれる。

・前向きで一生懸命で、刺激を与えてくれる人たちにたくさん出会える

・人間として成長できる、大学四年間が有意義なものになる、防災関係の活動に取り組める、今までとは違うことに打ち込めるなど。

広島県坂町での学生による被災者支援の取組
―外部支援者から地域住民へ―

久後 巧

■12-1　広島県安芸郡坂町について

（1）坂町の概要

　広島県安芸郡坂町は、広島県南西部に位置して広島市と呉市に隣接し、緑の山と青い海に囲まれた豊かな自然環境を形成している。人口 13,022 人（2021年 5 月時点）、面積 15.69㎢（2019 年時点）で、主に坂地区、小屋浦地区、横浜地区の 3 地区に分かれ、17 の住民福祉協議会（自治組織）で構成されている。近年は町の子育て支援住宅の供給等によって、若者世帯の流入人口が増加してきている。[1]

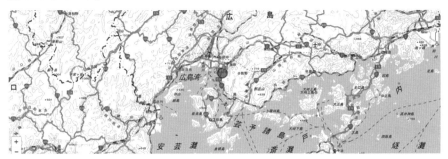

図12-1　広島県安芸郡坂町（出所：国土地理院地図を元に筆者作成）

表12-1　2021年の坂町の人口構成（出所：坂町ホームページ[1]を元に筆者作成）

	男		女		総数	
	人口	構成比	人口	構成比	人口	構成比
総人口	6,229	100.0%	6,749	100.0%	12,978	100.0%
高齢者人口	1,629	26.2%	2,216	32.8%	3,845	29.6%
生産年齢人口	3,683	59.1%	3,620	53.6%	7,303	56.3%
年少人口	917	14.7%	913	13.5%	1,830	14.1%

（2）被害状況

　2018 年 7 月 5 日から 8 日にかけて梅雨前線が西日本付近に停滞し、そこ

表12-2　人的被害（2019年9月1日現在）
（出所：平成30年7月豪雨災害　坂町復旧・復興プラン[2]を元に筆者作成）

区分		人数
死者	直接死	16
	間接死	2
行方不明者		1

表12-3　建物被害（2019年9月1日現在）
（出所：平成30年7月豪雨災害　坂町復旧・復興プラン[2]を元に筆者作成）

程度	被害件数
全壊	293
大規模半壊	483
半壊	505
一部損壊	313
その他	37
合計	1,631

に湿った空気が流れ込んだ影響により、連日大雨が続いた。坂町では6日昼過ぎから7日朝にかけて大雨となり、町史上初の大雨特別警報が発表され、これまでに経験のない記録的な豪雨に襲われた。結果、がけ崩れや土石流により、町内の200箇所以上で、道路、河川等が被災した。また、大量の土砂、流木等が橋梁に留まったことにより、河川の水が市街地に流入し、広い範囲で浸水被害が発生した。[2]

▌12-2　兵庫県立大学減災復興政策研究科災害支援チームによる被災者支援

（1）兵庫県立大学減災復興政策研究科災害支援チームによる支援の流れ

　兵庫県立大学大学院減災復興政策研究科では、豪雨災害の発生後から教員や学生が各被災地に入って被害状況や支援についての調査を行った。その後、支援方針を協議した結果、坂町における「坂町災害たすけあいセンター」（坂町社会福祉協議会が設置した災害ボランティアセンターの名称）の運営支援を行うことが決定した。坂町での支援決定に至った主な理由としては、被害が甚大であったことや広域な被災によって支援者の不足が予測されたこと、坂町災害たすけあいセンターの運営人員が大幅に不足していたことが挙げられる。

　応急・緊急期における避難所の環境改善支援では、坂町災害たすけあいセンターとの協議の結果、主に小屋浦地区における避難所の環境改善やボランティアの受け入れを担当することに決まった。特に被害が甚大であった小屋浦地区では避難所の衛生環境や居住環境が整っておらず、役場からの距離もあったため行政本部とのコミュニケーションがとりにくく、現地での対応が必要な場面

の多い状況であった。そこで、当初から9月10日までは教員と学生で適宜交替を行いながら常駐体制での活動を行った。

　復旧期における仮設住宅等での生活再建支援では、避難所等から次の住まいへ移る人が増加してきたため、9月10日以降は月1、2回程度の頻度による現地での活動に移行した。住まいを失った人が住宅再建に向けて一時的に住むことのできる仮設住宅（建設型と借上型）が整備されたが、元のコミュニティとの断絶や孤立が生まれていた。また、仮設住宅の入居期限が原則2年であり、住宅再建が見込めない人を中心に先行きに対しての不安の声等も多く出てきていた。[3]

　復興期における災害公営住宅等での復興支援では、新型コロナウイルス感染症の拡大のため、計画していた災害公営住宅勉強会や西側地区でのサロン協力活動が止むを得ず中止となった。この頃から、外部からの現地訪問による支援は大幅に減少していった。しかし、災害公営住宅への支援をはじめ、建設型・借上型仮設住宅、在宅被災者への支援は待ったなしの状況であった。ここでは、筆者自身の坂町地域支え合いセンター（後述）での活動内容やNPO法人SKY協働センター（後述）とのボランティア活動にも焦点を当て、記述する。

（2）応急・緊急期における支援
ア　環境改善支援

　小屋浦地区で避難所として開設された小学校やふれあいセンター等では、避

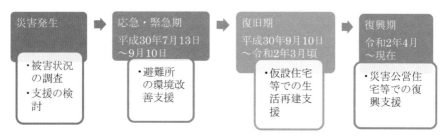

図12-2　兵庫県立大学減災復興政策研究科災害支援チームによる支援の流れ
（出所：兵庫県立大学減災復興政策研究科災害支援チーム活動報告書Vol.1 [3]を元に筆者作成）

難者が床に座布団や毛布を敷いて眠る、避難者間のプライベート空間がない、避難所内が砂や埃で溢れて足の踏み場がない、ジェンダー配慮がない、トイレが汚いといった多くの課題が散見されていた。そこで、マットレスやダンボールベッドの導入、間仕切りの導入、一斉清掃の実施や下駄箱の設置、更衣室の設置や女性の生理用品の再配置、仮設トイレの清掃等を行った。長期化した避難所生活における課題については、（阪本 ,2019）[4] の研究がある。坂町の避難所環境をめぐる課題は、東日本大震災や熊本地震、平成 29 年九州北部豪雨等の被災地でも共通してみられ、助かった命を守るためにも避難所環境の改善は不可欠であるとされている。本チームによるこうした取り組みが避難者の疲労を和らげると同時に、風邪や肺炎、感染症といった健康上の二次被害の防止につながったと考えられる。

写真12-1　更衣室（本チーム撮影）　　写真12-2　ダンボールベッドと間仕切り
　　　　　　　　　　　　　　　　　　　　　　　　　（本チーム撮影）

イ　心のケア

　阪神・淡路大震災以降、直接死と並んで災害関連死がクローズアップされてきた。熊本地震では、直接死に対しておよそ 4 倍の災害関連死が認定された。日本災害看護学会[5]は、災害関連死を「災害で直接外傷等を負ったわけではないが、被災後の避難生活において疲労の蓄積や医療の滞り・環境の悪化など間接的な原因で、被災者が新たに罹患したり、持病の悪化などにより死亡すること」と定義している。（冨永 , 2019）[6]は、災害後の避難生活や生活環境において、日常ストレスへの対処や環境改善が重要であり、『心のケア』の有効性を示唆

している。本チームは、慣れない避難所生活を過ごしている避難者の方々に対してマッサージや足湯、サロン、傾聴活動等を行ってきた。避難者からは、避難時の状況や避難生活におけるストレス原因等の話が聞かれ、支援後は支援前より顔の表情が明るくなっていた。また、私たちは外部支援者であって利害関係者にないことから、避難者の本音が聞き取れた。避難者のトラウマや悩みを聞くことしかできないが、結果的に避難所での災害関連死発生の抑制に寄与できたと考える。

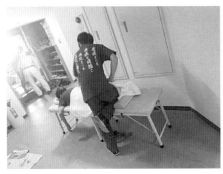 

写真12-3　マッサージ（本チーム撮影）　　　写真12-4　足湯（本チーム撮影）

ウ　中間支援

　本チームの大きな役割の一つが、避難者と行政、避難者と外部支援者、そして避難者と避難者をつなぐことであった。避難者と行政では、行政のマンパワーが不足しており、避難者との接見が難航していたことから、本チームに対して名簿や掲示物の作成、ニーズ把握や次の住まいへの見通しに関する調査等の依頼があった。本チームが避難者、及び行政と当初から少しずつ信頼関係を築き上げてきたからこその支援であったように感じる。避難者と外部支援者では、行政と協議・相談しながらマッサージや足湯、健康体操等の癒し系ボランティアをはじめ、写真洗浄や出張美容室、かき氷ボランティア等を受け入れた。避難者からは、長期化した避難所生活のなかで安らぎの一時になったと賛辞の声が聞かれた。避難者と避難者では、ダンボールベッドの導入一つにおいても、避難者一人ひとりに対する丁寧な聞き取りと説明を繰り返し行うととも

に、ベッドの見本の展示や談話スペースを設置して避難者同士で話し合いをしてもらう等の工夫を凝らし、非日常生活における集団の合意形成を図った。

表12-4 応急・緊急期における活動日数と延べ活動人数
（出所：H30.7 広島県坂町VC支援日報[7]を元に筆者作成）

	7/13 ～ 7/30	8/1 ～ 8/31	9/1 ～ 9/10
活動日数	18日	31日	11日
延べ活動人数 （教員・院生のみ）	43人	72人	19人

成を図った。避難所での共同生活は、決してこれまで住み慣れた地域の者同士ではなく、別の地域の人も居住していたためコミュニケーション不足が生じ、些細なことで口論となる場面も少なからず見受けられた。しかし、取り組みの甲斐あってか、そのような場面を見る回数は徐々に少なくなっていった。本チームによる中間支援が、非日常生活における空虚な人間関係をも補完したと言えるのではないだろうか。

表12-5 応急・緊急期における主な活動内容
（出所：兵庫県立大学減災復興政策研究科災害支援チーム活動報告書Vol.1[3]）を元に筆者作成

環境改善支援	心のケア	中間支援
●仮設トイレの清掃 ●マットレスの導入 ●ダンボールベッドの導入 ●間仕切りの導入 ●一斉清掃の実施 ●棚・下駄箱の設置 ●談話スペースの設置 ●洗濯スペースの設置 ●更衣スペースの設置 ●ジェンダー配慮 ●物資の調達	●足湯 ●サロン ●コーヒーサービス ●傾聴活動	●避難者名簿の作成 ●避難者のニーズ聞き取り ●マッサージ ●健康体操 ●写真洗浄 ●出張美容室 ●かき氷ボランティア ●その他、外部支援者の受入

(3) 復旧期における支援

ア コミュニティ支援

　住宅再建へ向けた仮住まい生活におけるコミュニティ形成の重要性を指摘し

た研究は多く見受けられる。坂町でも同じ町内ではあるが、各地区で住まいを失った者同士が同じ団地内に集まったことから、仮設住宅入居者のなかで孤立・

表12-6　平成30年度における活動内容のまとめ
A.仮設住宅集会所　B. 仮設住宅談話室　C. 町有住宅集会所
（出所：兵庫県立大学減災復興政策研究科災害支援チーム活動報告書Vol.1[3]を元に筆者作成）

	2018年9月～2019年3月まで			
実施月	イベント名	開催場所	内容	共催団体 常時共催：被災地 NGO協働センター
9月	お茶会	A	喫茶・マッリージ・足湯	・心身ケアボランティア ・足湯ボランティア
	お茶会 （交流会第1弾）	A	喫茶・合唱	
	表札づくり①	A	表札づくり・喫茶	
10月	表札づくり②	A	表札づくり・喫茶	
11月	わいわい喫茶	C	喫茶・食器市・ 古着市・足湯	・足湯ボランティア
	わいわい喫茶	B	マッサージ・喫茶	・心身ケアボランティア
	わいわい喫茶 （交流会第2弾）	A	マッサージ・音楽喫茶・ 合唱・食器市・古着市	・日時計主義を伝えるお茶会ボランティア広島（仮設住民さんのグループ） ・心身ケアボランティア
12月	クリスマス＆紅白歌合戦 （交流会第3弾）	A	クリスマスケーキづくり・ 音楽喫茶・紅白歌合戦・ 合唱・マッサージ	・日時計主義を伝えるお茶会ボランティア広島（仮設住民さんのグループ） ・心身ケアボランティア ・広島修道大学学生
	クリスマスリースづくり	A	クリスマスの飾りづくり・ マッサージ	・心身ケアボランティア
	わいわい喫茶	B	喫茶・マッサージ	・心身ケアボランティア
	そば打ち	A・C	喫茶・そば打ち	・広島修道大学学生 ・広島大学学生
1月	カラオケ新年会 （交流会第4弾）	A	喫茶・カラオケ・合唱	・日時計主義を伝えるお茶会ボランティア広島（仮設住民さんのグループ）
2月	坂町小さな冬祭り	A	足湯・マッサージ・喫茶・ 出し物・餃子	・兵庫県立大学災害復興支援団体LAN
	わいわい喫茶 豪雨災害からの復興 ―祈りを込めて― （交流会第5弾）	A	音楽喫茶・座談会 （これまでの坂町の復興について）	・日時計主義を伝えるお茶会ボランティア広島（仮設住民さんのグループ）
	わいわい喫茶	C	喫茶・マッサージ・足湯	
3月	セルフケアワークショップ	B	自身の疲れや眠れなさに対するセルフケアやペアワークのワークショップ	・心身ケアボランティア

表12-7　平成31年度における活動内容のまとめ
A. 仮設住宅集会所　B. 仮設住宅談話室　C. 町有住宅集会所
D. アセンブリーホール　E. たかね荘こやつら
（出所：兵庫県立大学減災復興政策研究科災害支援チーム活動報告書Vol.1[3]を元に筆者作成）

2019年4月～2020年2月まで				
実施月	イベント名	開催場所	内容	共催団体 常時共催：被災地 NGO協働センター
4月	わいわい喫茶	A・C	喫茶・足湯・マッサージ	
5月	みなし仮設交流会「交流ひろば」	D	喫茶・足湯・マッサージ・情報・物資	・心身ケアボランティア
	血圧測定・脈拍測定	A	血圧測定・脈拍測定・喫茶・足湯	・中国DMAS
6月	ようよう広場	A・C	家具づくり・健康相談・喫茶・マッサージ・子どもの遊び場	・心身ケアボランティア ・コミサポひろしま
	わいわい喫茶	B	喫茶・マッサージ	・心身ケアボランティア
7月	ようよう広場	A	家具づくり・健康相談・喫茶・マッサージ・子どもの遊び場・カラオケ	・心身ケアボランティア ・コミサポひろしま
	ようよう広場	C	家具づくり・喫茶・マッサージ・子どもの遊び場	・心身ケアボランティア ・コミサポひろしま
9月	こやうら交流会	E	喫茶・マッサージ・家具づくり・健康相談・子どもの遊び場・住宅金融相談	・心身ケアボランティア ・コミサポひろしま ・中国DMAS
	こやうら秋の運動会	E	運動会・ピザづくり・そば打ち体験・カフェ・足湯・マッサージ	・心身ケアボランティア ・兵庫県立大学災害復興支援団体LAN
	わいわい喫茶	B	喫茶・足湯・マッサージ	・心身ケアボランティア
11月	わいわい喫茶	B・C	喫茶・足湯・マッサージ	・心身ケアボランティア
12月	わいわい喫茶	C	喫茶・足湯・マッサージ	・心身ケアボランティア
	さか交流会	D	喫茶・足湯・マッサージ・健康相談・血圧測定・健康体操・手芸・折り紙・工作・お手玉づくり・クッキング教室・クリスマスデコレーションお菓子づくり	・心身ケアボランティア ・日本赤十字社広島県支部健康・栄養奉仕団 ・中国DMAS ・広島大学学生ボランティア団体OPERATIONつながり ・兵庫県立大学災害復興支援団体LAN ・お手玉講師
1月	わいわい喫茶	A・C	つまみ絵・喫茶・マッサージ	・つまみ絵講師 ・心身ケアボランティア
2月	わいわい喫茶	A・C	つまみ絵・喫茶・足湯・マッサージ	・つまみ絵講師 ・心身ケアボランティア

孤独感が広がっていた。そこで、入居者同士のコミュニティ形成を支援するため、喫茶を中心としたサロン活動を実施した。実際の企画では全ての世代に受け入れられやすいもの、また男女問わずに興味・関心を引くような内容のものを取り入れ、単一イベントにならないようにした。さらに、作業工程のなかで自然と参加者同士の会話が生まれるような工夫を凝らした。参加者から聞かれた印象的な声として、「災害で多くのものを失ったけど、仮設生活でかけがえのない仲間ができたのは良かった。」がある。本チームによる活動が入居者同士のコミュニティ形成に寄与できたのではないかと考える。

イ　内発的復興の主体形成支援

　被災者の復興プロセスにおいて、しばしば『支援者依存』という言葉を耳にする。これは、被災者が災害前に持っていた活力、自力が回復せず、何かにおいて支援者に頼ってしまう兆候のことである。こうした「依存心」の他に、「諦め感」や「無力感」が災害復興にもたらす問題について、(室﨑他 , 2018)[8] は提起している。よりよい復興を実現するためには、まずは被災者がいかにその主体となれるのかという、復興の主体形成が重要視されている。本チームによる活動も、被災者の自立をいかにして啓発するかに重点を置いてきた。イベント内容の全てをこちらが準備・提供するのではなく、適宜被災者が参画できるような場づくりに努めてきた。例えば、切り花を活けてもらう、手作り料理の差し入れ、お手玉やつまみ絵の講師、木工作業等である。そのうち、被災者主体の交流会や勉強会が開催されるようになり、企画立案の段階から被災者それ

写真12-5　木工ひろば(本チーム撮影)　写真12-6　カラオケ交流会（本チーム撮影）

ぞれの意見交換が活発化されてきた。最後まで仮設住宅自治会といった自治組織は立ち上がらなかったが、仕組みではなく、こうした被災者主体の場を被災者自身で企画・実施させていったことに大きな意味があったと考える。

ウ　地域の復興に向けた支援

　仮設住宅への入居から少し経過した時期に、被災地の復興プロセスを各々でイメージしてもらうことをねらいとして、『復興塾』を開催した。第1回目は仮設住宅での今後の生活の仕方に着目して、2016年熊本地震で被災され、当時仮設住宅に入居中であった方々をゲストに招き、仮設住宅集会所と町有住宅集会所の2ヶ所でそれぞれ実施した。仮設住宅での生活の様子等をお話しいただき、今後の自分たちがどうしていくべきか、何が課題なのかといった問題意識を共有できた良い機会になった。第2回目は同じ豪雨災害で被害を受けた共通点から、兵庫県丹波市より住民と市職員の方々をお招きし、市の復興プロセスにおける事例を紹介していただいた。行政と民間の二人三脚で取り組んだ事例が象徴的であり、参加された皆様から非常に好評であった。復興塾が直接的なきっかけではないかもしれないが、その後の小屋浦地区では地域づくり推進協議会の活動が活発化し、『パワ女』や『すずめの会』といった女性有志の団体が結成され、地域主体の復興まちづくりが少しずつ始動してきた。

写真12-7　復興塾のチラシ　　　写真12-8　第1回復興塾（本チーム撮影）
　　　　　（本チーム作成）

(4) 復興期における支援

ア　坂町地域支え合いセンターと連携した災害公営住宅へのチラシ配付活動

　新型コロナウイルス感染症の拡大に伴い、県境を跨いでの移動が制限されたことにより、この頃から坂町へ支援に向かうことができなくなった。被災者にとってはまさに二次災害とも呼べるべき状況下のなかで、本チームは遠方からできる支援方法を検討した。それがチラシ配付活動である。チラシには、コロナ禍の今だからこそ届けたい情報を盛り込み、兵庫県立大学学生復興支援団体LANと日本災害医学会学生部会中国支部(中国DMAS)と共に作成した。内容は、「お家でできるリラックス法」や「おうち時間で簡単クッキング」、「手洗いについて」を記載した。また、配付は坂町地域支え合いセンター（後述）に依頼し、各災害公営住宅へ配付していただいた。受け取られた方々の中からいくつか反応があり、質問と回答のやりとりをこちらも坂町地域支え合いセンターのご協力によって実現できた。現地に行けずともできる被災者支援があることを、実際の活動を通じて筆者自身も学ぶことができた。

写真12-9　チラシ（本チーム作成）

写真12-10　チラシ（LAN作成）

イ　坂町地域支え合いセンターでの支援活動

　平成 30 年 7 月豪雨災害の発生により、県民の生命、財産および地域社会基盤に大きな被害があった広島県では、広島県復旧復興プランに基づき、被災者見守り・相談支援等事業の実施を決定し、2018 年 9 月に、県地域支え合いセンターと、県こころのケアチームを新設し、被災市町においても市町地域支え合いセンターの開設が進んだ。[9] 坂町では、坂町役場の委託事業として広島県済生会が地域支え合いセンター事業を運営した。広島県地域支え合いセンター報告書[9]によれば支え合いセンターの役割は、相談員による見守り・相談支援として、訪問等による見守り安否確認、アウトリーチによる課題発見、関係支援機関へのつなぎ、支援対象者の状況把握、コミュニティづくり（サロン活動等）、生活支援ボランティア活動の実施等とされている。坂町地域支え合いセンターは、看護師や介護福祉士等の専門資格を有した相談員で主に構成され、特に訪問活動等による個別支援、集いの場づくり等による地域支援、支援者協働づくりとしてのネットワーク構築を実施してきた。

　個別支援としては、訪問や電話による安否や状況確認、弁護士等の専門家紹介を行った。特に、仮設住宅に入居していた I 氏の住宅再建支援をここでは取り上げたい。災害後に呼吸器疾患を患った I 氏は、既に生活再建支援金の加算支援金を受給し、災害公営住宅への入居資格がなかった。唯一の身内も遠方に住んでいたことから、I 氏は被災した自宅を整備して単身で生活していくことを決心した。筆者を含めた相談員はその思いを尊重し、床下のカビ確認や畳の清掃、生活用品の購入支援、ボランティアによる引っ越し支援を行った。今では、町内会長や民生委員、隣人等と少しずつ関係を築き上げ、ケアマネージャーをはじめとした訪問看護やヘルパーによる福祉サービスによって日常生活を送っている。

　地域支援としては、災害公営住宅での初回顔合わせや周辺施設等を記載した御用マップの配付を行った。特に、ここでは災害公営住宅での草とり交流会を紹介する。入居者である K 氏と M 氏から、「草が生い茂ってきたので何とかならないか。」との相談があった。そこで、坂町地域支え合いセンターが中心となっ

て草とり交流会を企画した。草とりで使用する鎌や軍手を坂町社会福祉協議会に依頼し、草とり当日には坂町地域包括支援センターや済生会福祉センター事務所、こころのケアチーム、精神保健福祉センターの職員を参集した。結果的に、災害公営住宅周辺に生い茂っていた草がなくなって気持ちが和らいだだけでなく、入居者の運動や顔合わせの機会となり、さらには支援者ネットワークの構築に寄与したと考える。

写真12-11　床下のカビ確認
（K氏撮影）

写真12-12　草とり交流会チラシ
（筆者撮影）

ウ　NPO法人SKY協働センターとのボランティア支援

　坂町では、地域住民が被災者支援をボランティアで行うことを信条としたNPO法人SKY（Sは坂地区、Kは小屋浦地区、Yは横浜地区を示す）協働センターが2020年10月に設立した。筆者が知る限りではあるが、地域住民が被災者のため、また長期的な復興支援に取り組むNPO法人の設立は全国的にも珍しいのではないかと考える。

　そのNPO法人SKY協働センターのボランティアスタッフとして、坂町社会福祉協議会による住宅再建先への引っ越し支援や災害公営住宅・仮設住宅入居

者に対して表札の作製・配付を行った。

　現在のSKY協働センターの主要事業の一つが、小屋浦地区における小屋浦コミュニティハウス建築支援である。これは同じ県内の被災地の三原市にある仮設住宅談話室の廃材を一部利用し、被災地から被災地へ資産の再利用を図ると同時に、地元小屋浦の地域づくり推進協議会が主体となって活動し、地域住民や小屋浦出身者、ボランティア等が誰でも、いつでも集まれることをコンセプトに掲げて進められている。SKY協働センターは、建築確認申請支援や専門ボランティアの導入、現場のマンパワー充足等を行い、筆者も関わっている。現在は、棟上げから屋根、外壁等の設置中で、早々の完成を目指している。今から完成が非常に楽しみであると同時に、完成した復興のシンボルをどのように住民で運営していくかが今後の課題であると考える。

写真12-13　表札（K氏撮影）

写真12-14　小屋浦コミュニティハウス
（K氏撮影）

▌12-3　坂町と筆者

（1）長期的な被災者支援の効果

　以下、長期的な被災者支援の効果について記述する。まず、これからの支援者と成るNPO法人SKY協働センターが設立されたことである。設立発起人のO氏によれば、「本チームによる支援活動が設立理由の一つである。」と述べている。また、小屋浦地域づくり推進協議会による小屋浦コミュニティハウスの建設は、本チームによる復興塾がヒントとなっている点も伺える。さらに、NPO法人SKY協働センターの副代表であるK氏によれば、「被災者と筆者の

信頼関係は避難所における支援の時から確実に形成されており、仮設住宅の時からの関係と比べると大きな差がある。」と述べている。他にも、被災者からは「あの時のイベントが今の力になっている。」との声が聞こえてくる。上述したように、発災当初からの長期的な支援者による関わりは被災地・被災者に何らかの効果を与えている可能性があると考える。

(2) 外部支援者から地域住民へ

　上述してきたように、筆者は外部支援者として坂町と関わり始めた。外部支援者による被災地復興へのかかわりを題材とした研究は、室﨑他(2018)[8]の「めざす」かかわりと「すごす」かかわり、立部他（2020）[10]の「共にいる」かかわりと「共に歩く」かかわり、宮本（2020）[11]の「つなぐ」かかわりがある。筆者は大学院修了後に、坂町へ移住し、坂町地域支え合いセンターで1年間勤務した後、現在は坂町役場に勤務している。既に外部支援者ではないため、上述した研究に見られるような被災者とのかかわりはないと言える。だとすれば、現在の被災者と筆者のかかわりはいったい何なのだろうか。原稿の残りスペースも限られており、ここで学術的に立証することは控えるが、少なくとも支援者と被災者という関係ではなく、一人の人間と人間の助け合いが生まれているように筆者は考えている。筆者は被災者の皆さんから元気をもらっている。こうした関係は人間同士が元来有していたつながり、支え合いと言えるのではないだろうか。これからも坂町役場の職員として、NPO法人SKY協働センターのボランティアスタッフとして、そして坂町の地域住民として坂町に寄り添い、地域の皆様と一緒に坂町を盛り上げていきたい。

　最後に、このように自分の人生を懸けたいと思えるほどの坂町というフィールドと巡り合うことができたのは、本チームのメンバーや大学院の先生方、兵庫県立大学学生復興支援団体LAN、特別専攻の履修生の方々（他にもたくさんお礼を言いたい方々はいるが、残りスペース上割愛させていただく。）からのご指南・ご協力があったからこそである。この場を借りて深く感謝を申し上げる。

注

1 坂町ホームページ, https://www.town.saka.lg.jp 2021 年 5 月 22 日アクセス.

2 『平成 30 年 7 月豪雨災害坂町復旧・復興プラン』, 2019 年 9 月

3 『兵庫県立大学減災復興政策研究科災害支援チーム　活動報告書 Vol.1』, 2019 年 10 月

4 阪本真由美, 2019,「【特集】自然災害と避難所　避難所環境の早急な見直しを一平成 30 年 7 月豪雨災害よりー」,『消防防災科学』135 号

5 日本災害看護学会ホームページ, 災害看護関連用語　災害関連死 | 日本災害看護学会 (jsdn.gr.jp), 2021 年 6 月 12 日アクセス

6 冨永良喜, 2019,『災害後の心のケアと減災のための心理学（特集 被災時の心のケアと防災教育）』, Lisn : Library & information science news（181）, 1-4

7 兵庫県立大学大学院減災復興政策研究科,『H30.7　広島県坂町 VC 支援日報』.

8 室﨑益輝・冨永良喜・兵庫県立大学大学院減災復興政策研究科, 2018,『災害に立ち向かう人づくり　減災社会構築と被災地復興の礎』, ミネルヴァ書房

9 広島県地域支え合いセンター, 2019,『広島県地域支え合いセンター報告書（第 1 年次 2018 年 9 月〜 2019 年 8 月）〜創造的復興からの地域共生社会の実現をめざして』

10 立部知保里・頼政良太・内藤悠・宮本匠, 2020,『災害支援における「共にいる」かかわりと「共に歩く」かかわりの時間感覚：平成 30 年 7 月豪雨広島県坂町での支援活動の事例』, 災害と共生 . 3（2）P.1-P.14

11 宮本匠, 2020,『災害復興のパラダイスロストとパラダイムリゲインド：尊厳ある縮退と「つなぐ」かかわり』, 災害と共生 . 4（1）P.21-P.31

「防災×音楽」

桝田 和宏

■13-1　防災×音楽

　防災教育研究センターの活動に関わる大学院修了生として寄稿するにあたり、「防災×音楽」というタイトルを付けた。人が見れば防災と音楽？どういうこと？と思うかもしれない。私本人からすれば、違和感なく自然に執筆をさせていただいているが、なぜ「防災と音楽」ではなく「防災×音楽」なのかも含め述べたいと思う。

(1) 阪神・淡路大震災～研究テーマ

　前置きとして、私は阪神・淡路大震災で被災した。家は全壊し、親戚一同焼け出された。避難生活も経験し、仮設住宅、最終的には災害復興住宅にもお世話になった。当時、アカペラという声だけで表現する音楽をし、神戸元町にある、震災復興屋台村（元気食堂）で支援ライブを始めた。もちろんボランティアである。私は、ヴォイスパーカッションを担当し、みんなで声を出し、そしてリズムに乗せて歌った。ライブ後、見てくれた子供たち、おじいさん、おばあさんが「元気になった」と笑顔で話しかけてくれた。それがうれしくて、この想いを世界に広げたい、そこでプロになることを決意した。それから、Baby Boo、Permanent Fish というアカペラグループのリーダーとしてメジャーデビュー、世界デビューを果たした。日本中で学校公演も頻繁に行い、阪神・淡路大震災の経験をステージで語り部として伝えた。しかし、20 年以上の月日が流れ、状況は一変していく。語り部としてのリアルな経験が学生皆さんへ届かなくなっていった。南海トラフ地震は 30 年以内に必ずやってくると言われている。それは明日かもしれない。今日かもしれないのに。伝えることの難しさである。人は災害、はたまた防災の意識を持ち生活し続けることは難しい。歌いながら葛藤し、悩み続ける日々が続いた。その矢先、2017 年、兵庫県立

大学大学院減災復興政策研究科ができることを知った。自分の人生は阪神・淡路大震災によってつながれた、生かされた命である。もう一度、人生をかけてみるのもいいのではないかと、グループを脱退し、一念発起し、受験した。防災の基礎知識もない、学術の世界では素人の私の新たな挑戦である。1回目に受けた試験では見事失敗。2度目の後期テストで合格した。拾っていただけたという言葉がふさわしい。2回目の面接の教官は研究科長の室﨑益輝教授も同席されていた。まさにこれも2回目の生かされた命である。ここで書いておくが、実は恥ずかしながら大学院は勉強することだけではなく、研究活動を能動的に実施し、自己を深め、自身の関心を探求していくことと知ったのは入学してからのことである。それから2年間は防災関連の本を読みあさり、毎朝早朝に起きて論文を書いた。今現在も早朝に起きることが癖付いてしまい、本を読んだり、原稿執筆したりする時間にあてている。

(2) 研究テーマ「防災×音楽」

　私の研究テーマは「防災×音楽」である。具体的に言うなら「いざというと

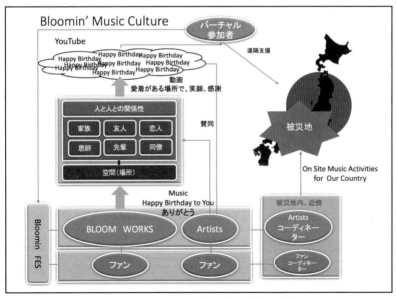

図13-1　いざという時の音楽支援の枠組み

きの音楽支援の枠組み作り」である。

　担当教諭の浦川豪准教授には防災素人だった私の想いを汲み取って頂き、修士号まで導いていただいた。南海トラフ地震、いや、水害を始め災害はいつ何時でもやってくる。その時までに日本中で音楽により「いざという時の助け合えるコミュニティ」を作って行こうという実践的な研究である。その研究の根底には、来たる日までに私が防災と音楽を交えたフェスがしたいと面接時から発しているのにも関係している。防災と音楽による化学反応、それが、「防災×音楽」という表現になった起因である。

▌13-2　BGM スクエア（防災減災音楽フェス）

写真13-1　BGMスクエア集合写真

（1）BGM スクエアと学生の繋がり

　2019 年 4 月に第一回 BGM スクエアを神戸市内のみなとの森公園（震災復興記念公園）で開催した。BGM スクエアの BGM とは防災・減災・音楽の頭

文字とバックグラウンドミュージックの両方の意味がある。BGM を聴くように防災を皆の心にすっと織り込んでいきたいという願いが込められている。発起人は Bloom Works[1]（私が大学院に入り浦川准教授に取り次いでいただいた防災シンガーソングライター石田裕之とのギターボーカル、ヴォイスパーカッションのユニットである。2021 年にはワーナーミュージック・ジャパンよりメジャーデビューした。）である。そして、実行委員には専門家と関西近郊の大学生、高校生にも参加してもらった。関西近郊の学生防災団体の横のつながりを強化したいという意図であった。各団体は、被災地支援など、精力的に独自活動はしているが、団体同士の交流等横のつながりは薄いのが現状であった。BGM スクエアは、フェスという「祭り」を機に交流を含め、情報交換また、

さらなる、被災地支援の活性化になればと考えた。河田恵昭教授によれば、災害への対応は個々の役割分担が作成した歴史的背景、教訓としての合理性、地域共通性がなければ、「災害文化」として住民の間で受け継がれないとある[2]。学生間のコミュニケーションにおいても、フェスを通じた「防災文化」の発展に貢献できるのではないかと考えた。2019年 4 月フェス開催前までは、みなとのもり公園の会議室を借り、企画会議を月 1 回、そしてフェス 1 ヶ月前には週一回、直前には連日、防災イベント企画、アーティストへのアテンド、警備、資金集め等を話し合い、参加学生はチー

写真13-2　Bloom Works

写真13-3　BGMスクエア実行委員会会議の様子

写真13-4　ＢＧＭスクエア音楽ライブの様子

ムリーダーとしてボランティアスタッフの役割を担った。参加学生団体は兵庫県立大学学生災害復興支援団体LANをはじめ、神戸学院大学、関西学院大学、兵庫県立尼崎小田高校、兵庫県立香住高等学校などが参加してくれた。

　フェスのステージの内容は、全国の被災地で活躍するアーティスト、熊本県の進藤久明さんをはじめ、宮城県石巻市のアーティスト幹mikiさん、東京で活動する園田涼さんにも防災に対する想い、被災地の声を歌、楽曲を通し発信してもらった。観客はその歌声、情熱に酔いしれ、皆で合唱した。Bloom Worksはトリで演奏した。他にも、被災地のＢ級グルメとして焼きそばの販売もし、石巻焼きそば、長田区のそばめしなどを音楽を聴きながら食べてもらうことにより、観客に楽しく、美味しく、被災地に触れてもらうことにも成功した。準備した200食は完売した。

（2）マンホールトイレイベント

　みなとのもり公園（震災復興記念公園）には60基のマンホールトイレが設置されている。阪神・淡路大震災以降、広域避難場所として開設され、当時は

写真13-5　マンホールトイレイベント

かまどベンチ、備蓄倉庫とともに最先端の防災公園とされた。しかし、震災から時間が経過するとともに劣化し、整備が必要ではないかと言われた。ＢＧＭスクエアでは年に一回開催したいということから、ならば毎回、フェスの時にマンホールを開閉し、メンテナンスを行い、また、

それをエンターテイメントとして、イベント活用できればと企画し、開催することとなった。実際、一度も開けたことのないマンホールトイレもあり、年1回の整備という面ではかなりの社会貢献となっている。

(3) バルーンワークス

　一番の目玉企画として、バルーンワークスを開催した。観客に防災への想いを風船に書いてもらい、多くの人の想いを乗せたカラフルな風船の束200個を34メートルの高さまで上げた。34メートルの高さにはっとした方もおられるかもしれないが、南海トラフ地震の想定最高津波高である（黒潮町）。観客に津波を怖がらせるのではなく、風景を楽しんでもらいながら、その高さを知ってもらう企画である。まさしく、「防災×音楽」から派生した化学反応の産物である。実行委員と月1回のミーティングから目玉案として生み出された。もちろん、これはインスタグラム、いわゆるインスタ映えにもなり、ＳＮＳを始め各メディアにも大きく取り上げられて、これ以上にない、防災イベントの広告効果になった。ここで実行委員の当時の学生の感想を紹介したい。
① BGM2の企画・運営に携わり、様々な立場・年齢層のメンバーが想いを有しながらそれぞれが得意とすることを組み合わせて企画を考えること、お互い助け合うことで得たつながりは現在も続いています。実行委員一人ひとりにもこのフェスの目的であった「『いざ』という時に助け合える間柄を作る」ことが実現されており、今でも私の支えとなっています。
村尾佳苗（当時、兵庫県立大学4回生）
②フェスの企画、運営を通して、目的である「いざという時に助け合える間柄を作る」にむけ、立場や年代が異なる中、それぞれの得意とすること、アイディアが組み重なり、終わった時にはその場にいた人たちが一体になったようで凄く心に残るものでした。また、企画、運営メンバーで一つのことに向け、団結し行動したことから、絆、助け合える間柄が生まれ、団結することが防災に通じるものがあるのだと感じました。
喜田悠太郎（当時兵庫県立大学大学院1回生）

写真13-6　バルーンワークスの様子

　この感想からとれるのは、この企画、運営を通して防災とは一体何なのかと考える機会になったのではないか、また人間を磨くということの一役になったのではないか。そして「防災とは考えること」それがこのことからも推測できる。イベントを通じ、リアルに災害を捉える演出を考えることにより、どう防災を伝えていけばいいのか、若い世代に対して新たな提言になるのではないかと考える。これは防災をまっすぐに捉えるのではなく、何かと付随させ、時流に乗せ、変化させ、防災への人々の導入をエンターテイメントを通じて行う。これは浦川豪准教授が提唱する「防災の軸ずらし」にも当てはまる。

■3.　BGM スクエアアンケート調査

（1）BGM スクエアアンケート調査結果

　BGM スクエア当日入場者数 2,000 人、出演者数全国から 7 組、出店数は24 ブース、マンホールトイレ参加者 150 名、防災ガイドツアー参加者 30 名、うち 106 名からアンケートを回収することができた。フェスに参加して防災

への関心が高まったのかの調査では91％が向上したと回答した。また、防災にもっと取り組もうと思ったかについては96％が思ったと回答し、フェスとしての意図も含め大きな成果が出た。また、音楽を通して防災のメッセージが伝わったかについては90％が伝わったと回答した。目玉企画である、バルーンワークスでは楽しかったが78％、34メートルの津波の高さが実感できたかは62％ができたと回答した。この企画からある程度の防災意識の啓発に貢献できた。マンホールトイレを災害時に使ってみたいかの回答には56％が使いたいと回答した。洋式トイレが主体になりつつある日本の昨今では使い方、また、テントを使った和式トイレの不安要素もあるのではないかと考えられる。

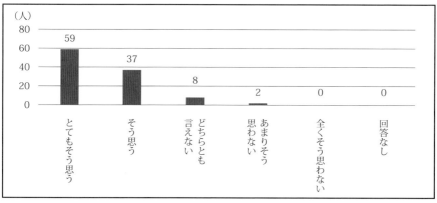

図13-2　フェスに参加したことで防災への関心は高まりましたか

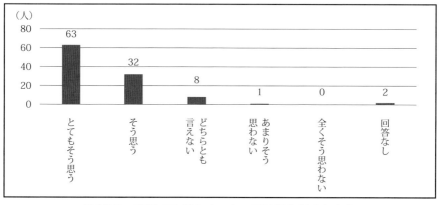

図13-3　音楽で防災のメッセージは伝わりましたか

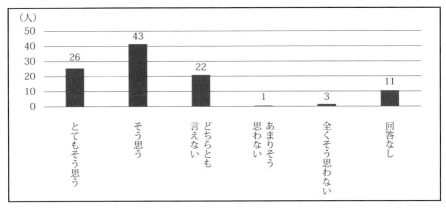

（人）

| 50 |
| 40 |
| 30 |
| 20 |
| 10 |
| 0 |

26　43　22　1　3　11

とてもそう思う　そう思う　どちらとも言えない　あまりそう思わない　全くそう思わない　回答なし

図13-4　マンホールトイレを災害時に使ってみたいと思いましたか

和式マンホールトイレから洋式マンホールトイレに改良できないかと実行委員会で思案し開発中である。

(2) フェス開催での副産物的成果

　フェスではＢ級グルメなど、食べ物を提供したため、ゴミが出る。企画段階から問題視されていたが、アースデイ実行委員会兼務の実行委員からの立案により、ゴミ置き場にスタッフを一名配し、食べた際のプラケースを重ねながら、捨てることとした。すると、ゴミの少量化が実現し、家庭用ゴミ袋３袋だけで済むという結果になった。2,000 名の参加者に対して、３袋とは驚異的な数である。これは後にわかったことだが、自衛隊方式と言われ、自衛隊で使われているゴミの回収方法である。まさにこれはフェスを開催、運用することによって生まれた副産物であり、まさに実行委員から生まれた「防災×フェス参加者」の化学反応の産物である。以後、各フェスにも継承、また被災地での不衛生にもつながるゴミ問題にも大きく貢献できるのではと考える。

(3) 次回への課題

　フェスを実行するにあたり、次回の課題となったのは、他の方とコミュニケーションは取れましたかの問いに対して、50％が取れたと回答した結果である。

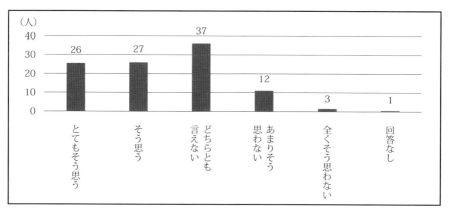

図13-5　ほかの方とコミュニケーションは取れましたか

つまり、50％はそれ以外である。フェスを通して、防災の祭りを作り、そこから自助共助の根幹となるコミュニケーションの場をつくり、昨今社会問題視されるSNS社会によっての弊害となる、近所づきあい、人のリアルな付き合いの再生、一体感の創造を意図したわけだが、実行委員の意図した結果とはならなかった。今後は、企画段階から日本の遠慮がちな文化もより考慮し、フェス開催の前段階から参加者間のコミュニケーションをとりやすくする下地作りも必要だと考える。その例としては、フェスで一体となる防災楽曲（Bloomin'〜笑顔の花咲いた〜）を作成しフェス前から一緒になって歌いフェスでポップな共通歌を大合唱するという企画である。この歌は Bloom Works がインドネシアアチェ州シムル島に行き、津波の歌スモンを正統継承者から拝聴し[3]、インスピレーションを受け、防災意識を継承していこうという曲として作った。ワーナーミュージック・ジャパンからのメジャーデビュー曲としても採用された。以降のフェス開催に向け、その曲の合唱イベントなど各団体と

写真13-7　シムル島スモン正統継承者とBloom Works

の連携は進んでいる。

■4. 後書きとして全体考察

　「防災×音楽」、それは、音楽を通じて防災コミュニケーションの場を作り、その場で起こる化学反応である。案ずるよりも産むが易しということわざもあるが、考える、いや考え過ぎよりも多くの人の協力を得て実行する力が次の新しい力を生み出す。流れ続ける水の中で泳ぎ続ける魚のように考え続けることが防災意識を継承する上で重要である。フェスのゴミ回収方法にもあったが、「防災×？」を実行することによる副産物を得ることが何よりも防災エンターテイメントの特質ではないかとも考える。

　私としては、これからもワクワクする音楽防災エンターテイメントの仕掛け人、またアーティストとして取り組みたい。このたび、2021年から兵庫県立大学にて客員研究員として活動することになった。研究者として自分なりに、自分にしかできない研究、探求し防災文化に貢献したい。震災で生かされた命、精一杯次代への防災意識継承に捧げていきたい。最後は、Bloom Works の歌詞を示し筆をおきたい。ありがとうございました。

　このたび、執筆にあたり、浦川豪准教授をはじ

```
ひとつ　揺りかごから　　ふたつ　波が跳ねる
みっつ　高く高く　　よっつ　身を守って

まずはあなたのこと　大事にして
絶望が飲み込んでも　終わりじゃない
はるか遠く　私を呼ぶ声がする

生まれたありがとう　出会えたありがとう
すべてのありがとう　無駄にしない
育てよう　どんなに小さくても　百年先も　花咲くように
てのひらに残る　あなたのぬくもり
握り返す手を　離しはしない
信じよう　今は離れ離れでも
笑顔で会えること

ひとつ　歌を歌おう　　ふたつ　手をつなごう
みっつ　笑いあおう　　よっつ　素直になろう
いつつ　前を向いて　　むっつ　希望を持とう

もっとあなたのこと　わかりたくて
手探りで傷つけても　終わりじゃない
しくじるから　人は助け合うんだよ

笑えたありがとう　許せたありがとう
すべてのありがとう　無駄にしない
お互いに　別々の道としても　いつかまた出会えるように
闇の中照らす　あなたのともし火
握り返す手を　忘れはしない
信じよう　今は離れ離れでも
笑顔で会えること　種がまた生まれた
```

図13-6　Bloomin' ～笑顔の花咲いた～歌詞

め研究科の先生方、生徒の皆様、Bloom Works 相方の石田裕之はじめ、実行委員にご協力いただいた。感謝いたします。

注

1　BloomWorks Home Page　https://bloom-works.com/
2　河田惠昭, (2008),「これからの防災・減災がわかる本」岩波ジュニア新書
3　津波から島民を救った歌 "Nandong Smong"（シムル島ナンドンスモン）
　　https://youtu.be/lUKjKATPm5Y

V

10年の成果と今後への展望

14 防災教育研究センターの 10年を振り返る

森永 速男

▌14-1　防災教育センターにおける教育に関して

　新しいことに挑戦するのはわくわくもするが、わからないことや迷うことが多くて大変である。すでに別項でも述べたように、私は防災・減災の専門家ではなかった。発足当時の防災教育センターから大学院減災復興政策研究科に関わってきたこの約10年間で防災・減災に関することを少しずつ学び、やっとこの世界で私のことを知ってくれている人が居るようになった。2021年度をもって無事にこの職務を終えられることを心から嬉しく感じているし、そのときには安堵の気持ちも感じるだろう。

　私は常々「教育とは多様な学びと体験の場を提供すること」と考えてきた。つまり、教育に関して教員のすべきことは自分の持っている知識を伝授するだけでなく、自分の有するネットワークを活用して自分一人では用意のできない学びや体験の場を多く集め、提供することだと思っている。このセンターに移ってきたとき、残念ながら私には防災・減災関連の研究者や機関とのネットワークは全くなかった。あるとき、「県立大の防災教育センターの森永です」と自己紹介したら、「じゃ、○○先生や△△先生（防災教育関係で著名な方々）はご存じですよね？」って言われた。それらの先生方の名前も知らないので、「知らないです」と正直に答えたが、怪訝そうな顔をされることが多かった。

　そのようなこともあって、当初は兵庫県の防災関連の組織や非常勤講師をお願いする多くの先生方に挨拶に伺った。そのときには「地球物理が専門で防災については素人ですが、よろしくお願いします」と常に言い訳をしていた。そんな言い訳も何時までも通用するわけもなく、本気で防災の世界に足を踏み入れなければならなかった。また、講義をするだけでなく、センターとして進めていくべき事業についても考えていかなければならなかったが、このようなとき私を大いに助けてくれたのが、当初から赴任してきていた浦川豪准教授だっ

た。彼とは教育に対する考え方や嗜好が似ていることもあり、すぐに親しくなれた。また、彼は「歯に衣着せぬ」物言いをする人物であるが、そのおかげで防災に関する沢山の情報や率直な意見をもらえ、また多くの研究者や関係者を紹介してくれ、大いに助けられた（そして、今も助けられている）。

　おそらく彼と最初に議論した重要なことは「センターとしてどのような人材を育成していくのか？」だった。議論の結果、彼から提案されたのが、防災リーダーとして貢献するために重要と考えられる「人間力」を有する人材の育成（図14-1）であった。私には思いもつかない内容であったが、まさしく災害現場などの防災フィールドで活躍する人間のみならず、地域や社会の色んな場面で活躍できる人が持つべき重要な資質（コンピテンシー）がちりばめられている。私は即座にこの「人間力を持った人材の育成」に賛成し、これを防災教育センターが目指す教育目標として設定した。その後、これを防災教育ユニットの説明や講義のときなどを通して学生や外部の人たちに紹介してきた。

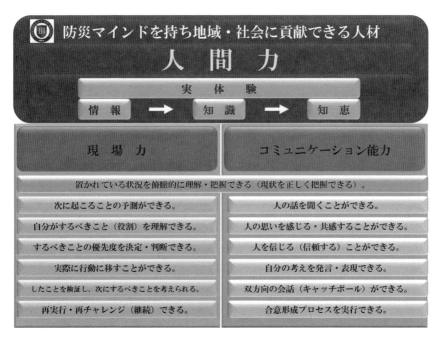

図14-1　防災教育センターが目指す人材が有する力「人間力」

この図にある防災リーダーとしての 13 項目のコンピテンシーを防災教育ユニットでの学びを通して学生に身につけてもらう上で大切なのが、「現場で活動すること」と「コミュニケーションを実践すること」のできる環境を用意することであった。センター発足当時（2011 年度）から推進してきた、登録してくれた学生による被災地でのボランティア活動や防災教育ユニット 1 期生が 3 年生になる 2013 年度から開講した必須科目である「防災ゼミナール I と II」や「防災フィールドワーク」をこれらの資質を獲得する最も重要な活動や科目と位置づけ、多様な学びの機会を用意してきた。

　ボランティア活動については、別項で述べているように被災地での支援活動の機会を多数用意してきた。その中で学生たちは現場力とコミュニケーションスキルを学び取ってきたし、同じ被災地、同じ被災者を継続して支援することの大切さ、そこからの学びが大きいことに気付いてくれている。また、防災ゼミナールでは、プレゼンテーションやディベートのスキルを磨き、シンポジウムやフォーラムの企画や運営を通して企画力や実践力を身につけてもらうようにした。特に、防災フィールドワークでは、小学生を招いた「防災キャンプ」や一般市民対象の「福良津波防災フォーラム」の企画・運営を行うなど、このユニット（現在の防災リーダー教育プログラム）をとらなければできない多くの体験の機会を提供してきた。これらを通して、「人間力」を有する人材を少ないけれど着実に輩出できてきたと自負しており、当初の目論見は成功していると考えている。

　このように防災教育センターの種々の取り組みは順調に開始・実践されてきた。センター開設の際、また開設後、教育活動が軌道に乗るまでの期間には、センター運営事務を担当してくれた事務方も、私たち教員が持っていて欲しいと考えてきた「防災マインド」のある優秀な方々だった。大学本部や兵庫県とのやりとりにおいて彼らが素晴らしい活躍をしたことを忘れてはならない。そのおかげもあって独立大学院・減災復興政策研究科の開設につながったと思っている。大学院開設までの過程で最も重要だった転機は 2015 年度の室﨑益輝教授・防災教育研究センター長（その後、減災復興政策研究科長を兼務）の着

任だったと考えている。室﨑先生の着任は大学院の設置を見据えたものと理解していたが、当初からいた教員たちの思いや取り組みを尊重し、引き続き応援・推進してくださった。今、防災教育研究センターや大学院における教育や研究が順調な状況にあるのは、室﨑先生のおかげと言っても過言ではない。

▋14-2 学生との関わりに関して

　被災地で活躍してくれた学生ボランティア、防災教育ユニットの特別専攻生（後の防災リーダー教育プログラム副専攻生）や学生災害復興支援団体 LAN の学生たちも防災教育センターの存在意義を高める活躍をしてくれた。センターには、兵庫県や県下基礎自治体から種々のイベントの運営補助・協力をお願いされることが数多くあった。少ない教員スタッフだけではこれらに対応することはできないが、彼らの協力があって依頼される案件のほとんどを実施することができた。例えば、兵庫県が行う合同防災訓練時の被災者役、地域で行われる阪神・淡路大震災の追悼行事の協力スタッフ、他大学や各種団体と共同で行う防災イベントなど、関わってくれた行事は数多い。その中でも継続的に行われた行事には、別項でも紹介しているように、被災地支援のボランティア活動、南あわじ市阿万地区と神戸市垂水区で行われた COC（Center of Community）事業、南あわじ市福良地区の「福良津波防災フォーラム」、さらに兵庫県立尼崎小田高等学校の「あまおだ減災フェス」や HAT 神戸の「ほっと神戸」などのイベントや活動があり、これらは彼らの働きなくしては実施できなかっただろうと思う。

　このような活動を通して持ってきた学生たちとの関わりの中で、私はいつも心温まる感動的な時間を過ごしてきた。学生たちは、自分の時間をうまく調整しながら、土曜日や日曜日に開催されることの多い講義や行事に積極的に参加してくれた。また、普段通っているキャンパスとは異なる神戸防災キャンパス（HAT 神戸）への通学やイベント会場への移動に必要な交通費といった余分な負担があることもいとわず、センターでの学びや各地の活動に参加してくれた。

　元来、心根の優しい彼らは他者の行動や発言を批判するのではなく、じっく

り話を聞き、言葉を選んで発言することができる。彼らのこの素質は被災地での ボランティア活動で大いに本領を発揮するが、その経験を通して彼らにはさらに成長する姿があった。彼らが大学を卒業するときには、私たち教員と兄弟（ちょっと年齢的に厳しいか？）もしくは親子のような関係性ができあがり、以前所属していた理学部の卒業生を送り出すのとはまた違った感慨深いものを感じてきた。センター発足から 10 年以上に亘って、私がここでの役割をしっかり果たせたとすれば、そういった彼らの存在があったからだと思う。また、センターの対外的な活動が外部から評価されることがあるのなら、その立役者は彼らだと胸を張って述べたい。

　毎年、特別専攻生（副専攻生）には防災教育ユニット（防災リーダー教育プログラム）で学び取ったことや何かをテーマにして調べ上げたことをまとめた報告ポスターを課してきた。図 14-2 は、2019 年度卒業の学生たちが現地に行き調べた兵庫県内 35 カ所の「道の駅」に関するポスターで、第 3 回兵庫地域遺産シンポジウム（2019 年 2 月 2 日開催）で発表した内容をまとめたものである。また、図 14-3 は必須科目「防災ゼミナール I と II」及び「防災フィールドワーク」で 1 年間に亘って実施された学びやイベントを時系列的に並べ、それぞれで学んだことを抜粋して報告したポスター（2021 年度卒業予定の学生が作成）の例である。このポスターは新型コロナウイルス感染症流行によって教育活動が制限された 2020 年度の内容を扱ったものなので、例年より学びやイベントの機会が少なくなっている。しかしながら、そうであっても学生たちが主体的に取り組める学びやイベントがかなり多く提供されていることをわかってもらえると思う。

　学生たちが防災ゼミナール I・II と防災フィールドワークを履修した 1 年間を終えてまとめたポスターの中に書き込まれた感想のいくつかを紹介する。見ていただければ、防災教育ユニット（防災リーダー教育プログラム）の教育目標である「人間力を持った人材の育成」が少なからず成功していることをわかってもらえると思う。

図14-2　第3回兵庫地域遺産シンポジウムで特別専攻生が発表した「兵庫道の駅」に関するポスター

防災教育ユニット

5月
プレゼンテーション講座

6月
プレゼンテーション発表・クロスロード

7月
神戸のまち歩き

8月
福良のまち歩き

9月
兵庫県北部自然景観と災害史を学ぶ
フィールドワーク

10月
神戸の街歩き

11月
尼小田フェス
北九州市立大学との地図遊び

12月
福良津波防災フォーラム

1月
防災ディベート大会
（学内）

【福良のまち歩き】

淡路島の南に位置する福良は、南海トラフ地震発生時に大きな津波被害がもたらされるとされています。
昭和21年の昭和南海地震を経験された方のお話をお聞きしたり、実際に自分たちで福良の町を歩き、たくさんの町の魅力を発見すると同時に、防災という視点からも地域の課題を探索しました。

【兵庫県北部自然景観と災害史を学ぶフィールドワーク】

豊岡市の玄武洞・神鍋山の火山口、丹波市へは丹波竜の化石出土地の見学に行きました。柱状節理や神鍋山から見た景色は素晴らしく、貴重な経験をさせていただいたと思います。地球の活動や歴史を感じさせられるものばかりで大変勉強になりました。

【福良の津波防災フォーラム】

8月に実施の福良のまち歩きを通して見つけた、防災の視点からの地域課題やそれに対しての改善案をみんなで出し合い、それらをもとに福良の方々に学生からプレゼンテーションを行いました。また、町の方からお聞きした震災経験の話をもとに学生が作成した防災劇の上映を行いました。
まちの方たちと共に津波防災について考える機会となりました。

【防災ディベート大会】

今年の防災ディベート大会は、新型コロナウイルスの影響もあり学内での実施となりました。「わが国は『防災』を義務教育の教育にすべきである」をテーマに12月下旬からディベート準備に取り掛かりました。途中行き詰まったり、もっとこうすれば良かったという不完全燃焼な部分もありましたが、最後まで諦めることなく最大限努力できたと感じています。グループメンバーみんなで力を合わせ、頑張る事ができました。

図14-3　防災リーダー教育プログラムにおける1年間（3年次、現在は2年次でも履修ができる）での学びをまとめたポスター

234

▌14-3　防災教育ユニット特別専攻生（防災リーダー教育プログラム副専攻生）の感想

学生A：防災教育ユニットを通して1番学んだことは、周りの環境や人々に常に感謝の気持ちを持たねばならないということです。当たり前といえば当たり前のことかもしれません。ですが、この1年間、ボランティアをしたり、またイベントのリーダーやサポートをやらせていただく中で、どのボランティア活動やイベントでも周りの誰かが常に私のことを見てくれていること、支えてくれていることをすごく思い知らされました。この気づきによって私も自分がどういう人間であり、自分の能力をどういった場面で生かすことができるのか、逆に欠けている部分はどうやって補っていくか（それとも欠けているものをどう成長させ、自分の能力へと変えていくか）、そしてその自分の特性が分かったうえで周りの人それぞれをどう支えていけばよいかを考えることができるようになりました。つまり、ボランティア活動やイベントを通して自分磨きができた、そして周りの人々の立場に立って物事を考えるようになれたということです。ゆえに、周りの環境や人は当たり前ではないということを自覚し、その環境や人々に常に感謝をもっていなければならないと思いました。

学生B：1年間を特別専攻生として過ごし、減災・防災は独立した一つの物ではなく、ある物事の持つ一つの面として減災・防災があることがよく分かった。毎朝交わすお隣との挨拶や自分の住んでいる地域の昔の姿を知るとか雨の日には履く靴を変えるといった何気ないリスクマネジメントを意識するだけで、日々の生活の中に減災・防災のために重要な要素が数多くある。・・・（中略）・・・これからの防災のありかたとして、一人ひとりがまずは日常に溶け込んでいるそれらの要素に気付くこと、そして次からはそれが減災・防災の要素を持っていることを意識して行っていけるような環境を作りあげ、次へ次へと継いでいけるとよいのではないかと考えた。

学生C：1年間の防災ゼミナールでの活動を通して、防災・減災において特に自

助と共助が大切だと学んだ。1・2年生で水害・地震など様々な災害やそこから
の復興について学んだが、その地域の特徴によって被害は異なる。まずは自分
の地域を理解し、それぞれが備える必要がある。さらに大災害が起こると自助
だけでは十分でないこと、そのためにコミュニティを再編していくとき地域の
力が必要になる。日頃から住民同士のつながりをつくっておくことで、いざと
いうときにお互いに声を掛けあい、助け合う共助につながっていくと考える。

学生Ｄ：1番伝えたいのは、私自身が防災について学ぶ身でありながら、町の
中にある慰霊碑や震災遺構を全然見ていなかったという気づきである。防災
フィールドワークを通して、こんなに多くの震災遺構があるのかと驚いた。た
だのオブジェとして何気なく見ていたものが復興への願いを込めた作品であっ
たり、ごく普通の公園かと思っていたら慰霊碑が置かれていたりと普段の生活
では得られなかった発見があった。被災者は慰霊碑等を残すことで次世代へと
思いをつなげようとしている。あるものは知恵や伝承として受け継がれ、ある
ものは慰霊碑や記念碑で伝えられる。防災を学ぶ身として、意識して防災や減
災についての情報に触れてきたつもりだったが、被災者の伝えたい思いについ
て十分な思考ができていなかったと思う。防災や減災についての情報は未来志
向の話題であり、実践的なものである。一方で被災者の体験は過去に起きた話
であり、聞いていてつらいこともある。だが、そういった思いをされた人がい
ることで、それを踏まえたまちづくりや繰り返さないようにするための施策が
行われているのである。

学生Ｅ：熊本地震の際に現地で活動をしたことで災害看護に興味を持ち、災害
看護に携わるのであれば防災についても学ぶ必要があると思い、防災リーダー
教育プログラムを副専攻として選択した。副専攻で防災について学ぶまでは、
ただ漠然と災害看護の分野で働きたいとしか考えていなかったが、座学で得ら
れる知識だけでなく、フィールドワークを通して実際に目で見て感じるという
体験を通して、防災を行うためのシステム作りに関心を持つようになった。ど

うすれば地域の人々に防災に関心を持ってもらえるのか、要支援者の安全を災害時に確保するためにはどうすればよいかということを考えていく中で、自身が将来どのような方向に進んでいきたいのかという将来像を描くことができたことが私にとって副専攻で防災を選択したことによる大きな収穫であった。また、同じ防災リーダー教育プログラムを学ぶ仲間と出会い、様々な学部の人と交流できたことは、新しい発見に繋がり良い刺激となった。看護というひとつの分野にとどまるのではなく、多角的に物事を捉えることの重要性や自身の枠から一歩踏み出してみることの必要性を学ぶことができた。

学生F：人の役に立てるように！ 病気になったとき、ケガをしたとき、災害のような何か大きな出来事があったとき、人の心と身体は弱まります。それでも、人間には回復しようとする力があって、一人では難しくても、誰かの支えがあれば、そこから回復し、元通りにはならずともよりよく生きていくことができます。ですが、中には、回復しようとする力さえも傷つけられてしまう人がいます。もし、私でも、人や社会のためにできることがあるならば、そんな人を癒し、支えていくことを通して、看護を実践していくことで人の役に立っていきたい、と考えています。

学生G：中学でボランティアを体験してから、私は防災に興味を持ちLAN及びユニットへ入りました。単にボランティアをしたい、防災を学びたいという単純な思いで飛び込みましたが、本当に良かったと思いました。当然自分のしたいこと・学びたいことをしているため充実感はあるのですが、何より先生方と様々な場面で話したり、色んな方々と関わったり、そして何よりかけがえのない同期と長い時間共に過ごすことによって、自分の人としての成長を感じ、また自分の存在意義をようやく認識できたような気がします。たかだか20年しか生きていない私が言う言葉ではないかもしれませんが、ここで頑張っていなければ、子どもの少しの成長に感動を覚え涙が出ることは一生なかっただろうし、先生に助言をいただきまた同期に怒られながらも企画・運営をすること

も一生なかったと思います。様々なことを経験させていただき、また先生や頼れる同期に支えられながら活動できたこの期間は本当に私の宝物です、本当にありがとうございました。この期間の経験を活かし、自分にできる最大限のことを精一杯やり遂げられるよう、また新たな一歩を出し、未来に向かって進み続けたいです。

▌14-4　防災教育（研究）センターの運営について

　組織が大きくなればなるほど教員や職員間での意思疎通が難しくなるのはどこにでもあることかもしれない。当初、防災教育センターに在籍した専任教員3名と事務嘱託員2名の頃は、色んな場面での会話を通してお互いを深く知り合うことができ、情報を共有できていたため、種々の取り組みや行事に一丸となって取り組めたし、誰かにミスがあってもお互いで補完することができていた。組織が大きくなり徐々に教員や職員が増えることで、センターの業務に大学院の業務が加わり、こなしていくべき事案が加速度的に増えている。そのようなこともあって、教員同士や教職員間でお互いを深く知り合い情報を共有できる機会が十分でなくなってきており意思疎通が難しくなっているように感じている。減災や復興を扱う組織では教職員が他者に寄り添う心を持って、学生にその心を植え付けるように教育や研究を進めることが重要と考えている。そういう意味においてお互いの意思疎通が極めて重要であるので、大学院発足から5年の節目で改革が一段落した後には、教職員間の深く心の通うコミュニケーションを大切にしながら、心豊かな教育が展開できる組織としてセンターが名実ともに完成することを願っている。

学部と大学院の防災教育の連携　　　青田 良介

■15-1　防災系大学院の設立

　2014年頃、本学に防災に特化した大学院を設立する構想が浮上した。阪神・淡路大震災を経験した被災地の公立大学であるにも関わらず、防災に特化した学部、研究科がなかった。当時の防災教育センター（現防災教育研究センター）は、自前の学生を持たず、希望する学部生に講義等を提供するに止まっていた。防災の専門人材を育成する点で、大学院設置は重要であった。

　2017年度開設を目標に、コンセプト作りが始まった。周辺のいくつかの大学が、防災に特化した学部や研究所等を有する中で、いかに特色を出すか。元来、防災は地震、気象といった理学分野や、土木、建築、都市計画といった工学分野が主流である。日本は世界有数の技術大国だが、阪神・淡路大震災では、単に技術的な問題に止まらない、政策面での課題が露呈した。震災からの教訓をバネに、安全安心な社会づくりに向け、世の中の仕組みや人の気持ちを変えるのは、むしろ社会科学、人文学の仕事ではないか－それを被災地の公立大学が追求するのはごく自然であろう。こうして、全国的にもユニークな防災系大学院づくりが始まった。

　大学院の名称にもこだわった。災害直後の対策だけに囚われるのではない、長期にわたり努力すれば少しでも被害を減らすことはできる－震災教訓のキーワードとも言える「減災」と「復興」を外すことはできない。これに、「政策」を加え、「減災復興政策研究科」とした。あえて「減災・復興」と区切りを入れなかった。未曽有の災害に見舞われた阪神・淡路大震災では、二度とあのような災害に遭わないよう「復興」を進める過程において、次の災害に向けて少しでも被害を減らす「減災」の概念が生まれた。「減災復興」を安全安心社会に向けて進む車の両輪にし、「政策」を追求するとのミッションが作られた。

　次に、どういった専門的人材を育成するのか。阪神・淡路大震災からの復

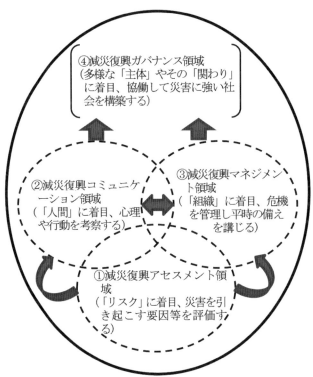

 図15-1 教育を展開する柱となる４つの領域
（兵庫県立大学大学院減災復興政策研究科設置の趣旨より抜粋）

興を牽引したのは、一人行政だけではなく、多様な「主体」からなる市民社会のメンバーであった。企業、大学、NPO、コミュニティ、ボランティア等多くの担い手がまちづくりに参画し、教訓を蓄積してきた。地域に密着した公立大学として、これら多様な主体を育成し輩出するのは、本来のミッションでもある。こ

こでは、「政策」を広く解釈し、政府、自治体が行う公共政策、企業が取り組む経営戦略、NPOやコミュニティによる行動計画のほか、被災地の復興に向けた実践的な活動などを含めた。

　防災学、減災復興学は未だ確立されていない。減災復興の局面は多様であり、複合的である。既存の学問分野である行政学、法学、経済学、都市計画学、建築学、社会学、心理学、教育学、福祉学、情報学、気象学、地質学等を横断的に組み合わせ、減災復興政策にかかる教育研究を進める必要がある。

　そうしたことを踏まえ、何をどう教え、指導するのか。教育する上で、４つの領域を設定した－「①減災復興アセスメント領域（「リスク」に着目し災害を引き起こす要因等を評価する）」、「②減災復興コミュニケーション領域（「人間」に着目し心理や行動を考察する）」、「③減災復興マネジメント領域（「組織」

に着目し危機を管理し平時の備えを講じる）」、「④減災復興ガバナンス領域（多様な「主体」やその「関わり」に着目し、協働して災害に強い社会を構築する）」（図15-1参照）。これにより、「リスクを正しく認識し、それに対処する人間や組織のあり方を考察し、多様な主体が協働することにより、災害に強い社会づくりが実現する」というコンセプトが固まった。それに沿って、「生活環境アセスメント論」、「防災教育と心のケア論」、「災害対応マネジメント論」、「被災者支援政策論」等からなる23の専門科目を設けた。

　その他にも特色がある。一つは、現場に根差した実践的な教育の提供である。フィールドワークでは、それぞれの教員が、自身の研究フィールドである東日本大震災、熊本地震をはじめ、各地の豪雨災害被災地等に連れていく。他にも行先は、災害への備えを強化する防災コミュニティ、企業、学校、福祉施設等様々である。一方、大学周辺では、阪神・淡路大震災を経験した実務者や支援者等が現在も活躍されているので、こうした方々によるオムニバス講義も用意することにした。

　そして、学部で防災を専門的に勉強しなかった人でも、大学院での勉強についていけるよう基礎科目を充実させた。単位認定はしないが、防災教育研究センターの科目を受講することができる。リカレント教育も重視し、職場に勤める社会人院生が少しでも入学しやすいよう、2年目には職場復帰も可能にした。1年目で講義科目さえ単位取得すれば、2年目は修論作成に特化できるので、毎日通学する必要がない。院生は、指導教員と必要な時に面会する、あるいは、メールでやり取りし、指導を受ける。現在はオンラインも活用している。設立2年目には、最長4年間の長期履修も導入した。仕事や家庭事情に応じ、時間をかけて単位取得ができる道筋も整えた。

　最後に、マンツーマンで指導にあたるとの観点から、どの分野にも対応できるよう、従来の土木、建築、都市計画に加え、行政、経済、心理、教育、情報等の分野に精通した11名の教員を揃えた（2021年度現在）。院生（当初修士のみ）の数は1学年定員12名、実際には毎年最大14名まで受入れ、手厚い指導を行っている。2019年度には博士後期課程を設立した。1学年定員2名、

最大で毎年3名の院生を受け入れている。

▍15-2 多様な人材の入学と育成

　これらの工夫が功を奏したのか、毎年度、ユニークな人材が入学してくる。防災は誰でも学べるという特色を反映してか、社会人学生の割合が高く、半数以上を占める。地方自治体の行政職員や学校教員はもとより、NPO職員、企業関係者、マスコミ関係者、医療従事者、福祉従事者、芸術家等様々である。学部からの進級者では、本学以外からの入学者も多く、全国各地から集まる。留学生も増えてきた。これまでの就職先は、地方自治体、学校、コンサルティング関係の企業が多いが、NPOを立ち上げた者もいる。社会人はそれぞれのスキルを磨き、各分野で活躍している。博士後期課程に進級し、研究者を目指す者もいる。

　院生の年齢は20～60代と幅が広い。いわば「人種のるつぼ」のような感じだが、共通するのは、防災や減災復興の探求に並々ならぬ意欲を持っていることである。それぞれの経歴や背景が違うので、互いに自分の知らない世界に触れ合い、刺激を受けることができる。例えば、自治体からの派遣生は、フィールドワークで、行政職員ではなく院生個人として被災者に接する。どう被災者に話しかければ良いか―そこはNPO院生の立ち振る舞いが手本になる。これによって、仕事とは異なる視点で被災者の気持ちを汲み取ることができる。一方、行政に無縁だった他の院生は、自治体院生から、役所の意思決定プロセスや、行政特有の文化を知ることになる。学部進級生は、社会人院生の経験談を聞けるし、社会人院生は若い世代ならではの柔軟な発想や行動力に認識を新たにすることができる。異文化交流が、新たな気づきの場を提供している。

　当研究科のモットーは「多様性を知る」ことである。災害はその都度違う顔を持つ、被害の様相も被災地によって異なる、被災地の文化は一様ではなく、被災者を一括りにすることはできない。安全安心を追求する上で、社会が多様性に富んだことで理解し、その上で、新規性、客観性、論理性に富んだ修士論文が書けるよう指導している。毎年、ユニークな修士論文が作成される（表15-1参照）。

表15-1　修了生の修士論文テーマ（著者が一覧表に整理）

	修士論文テーマ
第1期生 （2019.3修了）	災害復興における住民の組織化の意義と可能性
	復興過程におけるコミュニティ形成の場に関する研究
	災害時における要援護者の安否確認及び避難行動支援の実態と運用に関する研究
	公営住宅における学生入居に関する研究
	音楽活動家の防災・減災社会への積極貢献の促進による新しい災害文化の創生プロセスに関する実践的研究
	学校での防災教育における「生きる力を育む」ための学力の形成と学習過程に関する研究
	津波防災力向上における住民と行政の災害対応ギャップに関する研究
	住民と自治体間の情報伝達ギャップの解消
	最近の災害における自治体間支援の現状及び課題を踏まえた、徳島県における今後の支援・受援体制に関する研究
	地域に根差す企業の地域連携と事業継続に関する研究
第2期生 （2020.3修了）	火山地域における住民主体の避難行動に関する一考察
	地区防災計画策定を通した行政の活性化
	災害の記憶と記録の継承のための災害デジタルアーカイブ構築と活用
	自然環境の学びを基礎とした高等学校における防災教育の現状と課題
	複数の人的支援スキームを受入れる基礎自治体の受援業務の実態
	円滑な災害対応に資する災害対策本部組織体制の比較研究
	大都市中心部における企業参加型の帰宅困難者対応に関する研究
	基礎自治体における住民密着型の災害対応に関する考察
	情報に着目した自治体間連携と災害対応業務に関わる標準モデルの構築
	巨大災害からの経済再生と政策評価
第3期生 （2021.3修了）	被災者が抱える申し訳なさについての実践研究
	被災子育て世代のケア労働構造の把握と支援枠組みの検討
	災害ボランティアのストレスとその対処
	中学生を対象とした学びのための防災自己評価尺度の開発及び信頼性・妥当性の検討
	『想像』する学校防災から生まれる『創造』的学校防災に関する実践研究
	災害時における地域のメディアミクスが果たす役割について
	ハザードマップに含まれる「情報」の分析とそれら「情報」の知識化に関する研究
	災害時の市町村職員の心身ストレスとその対策
	災害時及びその後の自治体間支援に関する考察
	全庁的な災害対応業務計画策定プロセスの提案
	小型船舶事故防止を目的とした政策に関する韓日比較研究
	災害関連死等を防ぐための医療系の支援活動のあり方を考える研究

■15-3　出身学部、経歴にこだわらない大学院

　阪神・淡路大震災や東日本大震災といった巨大災害が発生すると、長期にわたり、住宅、生活、産業、医療、福祉、環境、交通、インフラ、教育等社会の様々な局面に影響を及ぼす。高齢者、障がい者、乳幼児、シングルマザー等、普段から社会的に弱い立場の方々が、災害を機に、一層困難な立場に陥る。

　一方、災害ボランティア活動に端を発した社会現象が契機となり、NPO法が成立するなど、市民社会の発展につながった。行政の限界とともに、自助・共助・公助の連携が重要であると認識された。阪神・淡路大震災の復興過程で強調された「最後の一人まで置き去りにしない」は、その後の現在のダイバーシティやインクルーシブ社会の発想にもつながったと言える。災害を機に、社会のあり方が見直され、革新（イノベーション）につながっていく。

　これらは特定の学問だけで解決できるものではない。安全安心な社会づくりを追求する上で、減災復興は分野横断的でなければならない。この大学院へ入学するには、何学部卒業でないといけないかと尋ねられることがあるが、どの学部の勉強とも関係するので、基本、学士相当の能力があれば問題ない。「防災リテラシー（literacy）」という表現がある。"literacy"とは、元来、読み書きできる能力を示す。防災を理解する基礎学力と意欲さえあれば有資格者となる。今までの入学者の出身学部は、法学部、経済学部、教育学部、工学部、理学部、医療系学部等、様々である。さらに言えば、短大卒、高校卒であっても、社会人経験を考慮した上で受験資格審査を行い、学士能力と同等と見なせば、入学試験を受けることができる。毎年何名かがこれで入学する。そこから、博士後期課程に進む者もいる。

　近年、豪雨災害や土砂災害等が多発することから、早期避難や避難所環境のあり方が注目されている。それらを解決する上では、ハザードの状況、避難のタイミング、避難する際の心理、高齢者等要配慮者へのケア、コミュニティの防災意識、避難所運用の改善及び多様化、ボランティアの関与、そして、それらを支える制度、財源、組織等、様々な観点を追求せねばならない。それらに対処できるスペシャリストが必要である。

当大学院研究科の目標は、様々な分野で、こうしたスペシャリストを養成することにある。図15‐2は、研究科を修了後、活躍を期待したいフィールドを示す。地方自治体、企業、学校、コミュニティ、NPO、医療、福祉、報道関係、研究者等様々である。その候補者として、様々な分野の学生や多様な経験を有する社会人が入学するのを願っている。

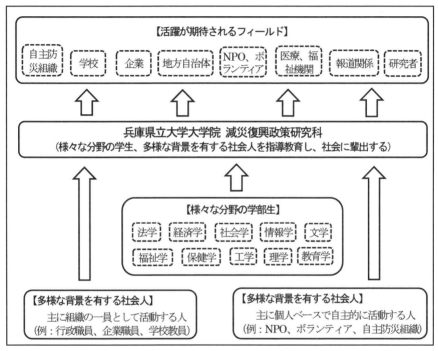

図15-2　当研究科による人材の受入・育成・輩出
（出所）著者作成

■15-4　公立大学連携―減災復興教育研究を全国に広めるために

　日本各地で災害が多発し、近い将来、南海トラフ地震や首都直下型地震等、巨大地震の襲来が予想される。減災復興に関する教育研究を、本学だけでなく全国の大学と共有する必要がある。

　その一環として、公立大学ネットワークを生かした取組を進めている。2021年2月20日、本学と大阪市立大学との共催で、「コミュニティ防災フォー

ラム 2021 －公立大学減災復興連携拠点の形成に向けて－」を開催した。両大学のほか、岩手県立大学、大阪府立大学、東京都立大学、名古屋市立大学、横浜市立大学、熊本県立大学が参加した。各大学では、「中高大学生向け防災教育」、「コミュニティ防災力強化事業」、「大学や地域での防災訓練」、「大学と消防局との連携」、「河川氾濫地域の避難経路づくり」、「災害福祉チームの派遣」、「災害ボランティア」等様々な防災教育研究プロジェクトに取り組んでいる。連携により相乗効果の高まることが期待できる。

　その推進母体として、全国の公立大学の防災・減災・復興に関する教育研究を推進する「公立大学防災研究教育センター連携会議」を共同で設立した（事務局：大阪市立大学都市防災教育研究センター）。将来的には「学術情報の交流・蓄積・発信」、「学生、教員の人的相互交流」、「大学間の共同研究」、「交流プログラム・関連科目の共同開発」等に拡げていく。そのため、2021 年度から、大阪市立大学と本学を中心に、「参加公立大学の防災研究者マッピング」、「将来の単位互換に向けた、オンライン共通講義、フィールドワークの実施」、「大型科研費への共同申請」、「研究発表会の開催」、「公立大学のグローバルネットワーク化」等に取り組んでいる。

▌15-5　次の段階に向けて

　当研究科では、減災と復興を一体的に捉えて、安全で安心できる社会形成の持続的発展を目指す「減災の総合化」と、現場から現場への政策的コミュニケーションを大切にして、研究や教育の社会的還流を目指す「政策の現場化」を理論的蓄積の軸にして、研究、教育、社会貢献にあたってきた[1]。

　研究科設立から 5 年の節目を機に、これらを発展させ、「減災復興学」を確立していく。また、近年、豪雨災害が頻発する一方、今後、南海トラフ地震等の巨大災害が予測されることを踏まえ、リスクを評価し（＝①災害科学領域）、人や組織に着目することで（＝②減災コミュニケーション領域）、災害に強い社会を構築する（＝③減災復興ガバナンス領域）の 3 領域に再編成する。

　教育面では、これまで以上に減災復興に貢献する若い人材を育成するため、

学部との連携を強化する。そのため、2022 年度入試から、現役学部生を対象にした推薦入試を新設する。防災教育研究センターでは、防災士取得のための科目を検討中であるが、その履修生が研究科に進学することを期待したい。他大学についても、公立大学連携や近隣大学等とのネットワークを活用する等して、周知に努めたい。グローバル化も重要である。将来的には、本学の「減災・復興に関する教育・研究グローバルネットワーク（GAND）」を介して、学部生も含めた海外の連携大学等との交換留学も考えられる。当研究科と防災教育研究センターを中心に他大学とも連携し、減災復興を追求していきたい。

注
1　室﨑益輝,「災害に立ち向かう人づくり、（序章）減災と復興－その概念と原理について－pp1（2018）」を引用し作成。

16 大学（学部）での防災教育が目指すもの

馬場 美智子

■16-1　防災教育センターの開設

　2011年に防災教育センター（現・防災教育研究センター）が開設され、学部教育が始まってから10年間、試行錯誤で防災教育に取り組んできた。当初の学部生向けの「防災教育プログラム」は、副専攻の「防災リーダー教育プログラム」へと編成され、防災教育の充実に取り組んできた。本学には防災に関する学部はないが、学部生たちが履修できる防災に関わる講義数は他大学に比べて多く、副専攻で防災を学べるのは、当大学の大きな特色となっている。

　防災教育は、特定の科目は無いにしても小学校、中学校、高等学校で何らかの形で実施されている。防災教育とは言えないが、防災訓練特に小中学校課程では、2017年の文部科学省の学習指導要領において、防災教育に関する内容が改定され、総合的な学習として防災教育の充実が図られようとしている。では、大学において、専門課程ではない科目として防災を学ぶことの意義や、学ぶべき事とは何か。

　副専攻として防災教育を学ぶ学生、あるいはいくつかの防災科目を履修しようとする学生にとって、どのような防災教育が求められているのか、ということを常に模索しながら、カリキュラムの構築や改善を行ってきた。「防災マインド（防災への優れた知識と行動する力）」を持ち、地域や社会に貢献できる人材の育成を目指し、学生たちの「現場力」、「コミュニケーション能力」、「総合力（人間力）」を養うことが出来るような防災教育に力を注いできた。

　「防災リーダー教育プログラム」を修了する学生の一部は、大学院（減災復興政策研究科）において、さらに専門的に防災を学ぶが、ほとんどの学生は防災以外の分野で就職したり進学したりする。その様な学生たちにとってここで学ぶことの意義は、様々な立場や状況において災害リスクに直面した時、それらに立ち向かう礎を築いてもらう事である。一人の人間、市民として自らの命

を守り、家族や友人、周囲の人々、組織や仲間を守るための知識や行動力を身に着け、リーダーとしての役割を果たすことが望まれる。災害後においても、社会、地域コミュニティで復興をリードする一員としての役割が期待される。

　2017 年に開設された大学院「減災復興政策研究科」は、防災分野においてより専門性を有して活躍できる人材の輩出をめざしているが、これからは防災に関する知識を有していることはもとより、複雑な状況を把握して判断できる能力を有する人材がさらに求められることになろう。

▌16-2　学生たちが学ぶべき様々なリスク

　災害リスクは、社会においてどのような分野においても避けては通れないものである。社会においては、自然災害だけではなく、人為災害や感染症リスクなど、多くのリスクに対処していかねばならない。リスクを認識、理解、評価、対処していくことは、あらゆる分野で求められるようになっており、ここで学んだ学生たちは学んだことや身に着けたことを活かして社会で活躍することが期待される。

　これから、南海トラフ地震が遠くない未来に現実に発生するというのは想像に難くない。人類はこれまで何度も大地震や津波を経験してきたが、これだけ文明が発展し、都市化が進んだ社会においては、大災害を経験するのは初めてだと言える。阪神・淡路大震災時よりも、東日本大震災の発生時よりも、都市化が進展した社会において、未曾有の自然災害を経験することになるのである。

　また、気候変動による水害等のリスクが高まってきている事は認めざるを得ない状況になっており、これからより厳しくなることが想定される自然ハザードに立ち向かっていかなければならない。毎年のように発生する水害は喫緊の課題として私たちに突き付けられ、私たちは一刻の猶予もない、待ったなしの対応を迫られている。社会全体でどのように対応していくかを早急に検討し実行していかなければならない状況下で、災害リスクを理解し対応できる人材をより多く輩出することが求められている。

　加えて、2020 年以降の新型コロナウイルスなどの感染症拡大によるリスク

は、私たちの想像をはるかに超える形で、社会・経済活動に大きな影響を与えてきた。それによる被害は甚大であり、これからも起こり得る世界規模の感染症リスクにどう対応していくかを考えておく必要がある。さらには、自然災害リスクと感染リスクという複合的なリスクが現実に起こっていることから、リスクはさらに複雑になってきている。そのため求められる人材には、複数のリスクを複合的かつ多面的に理解して解決策を導き出すための、分析の仕方や考え方が出来ることが重要な要素となっている。また、一つの分野や領域では解決できないことが多くなってきている事から、他分野・他領域とも情報共有をして協働できることも重要である。

　さらに、現代社会では国境を越えて社会・経済活動がグローバル化する中で、日本国内のみを近視眼的に見ているだけでは、適切な解決策を導き出せなくなっている。遠くの国のある地域の危機は、世界規模に広がっているリスクをはらんでいる。これらのリスクにどう対処していくかを学び次の危機に備えていかなければ、社会・経済活動は度々停滞を余儀なくされ、人々の生活は疲弊していくことになる。感染症のリスクは自然災害のリスクとは異なるものではあるが、リスクを評価して対応策を検討し、事前に備えていくという、リスクマネジメントの考え方には共通するものがある。

▌16-3　学生が身につけるべき知識や考え方

　このように、防災における専門性に加え、物事を多面的にとらえることが出来る理解力や分析力、コミュニケーション力や情報収集力を有した人材がより一層求められるようになってきている。また、この複雑化、多様化する社会において、他分野・他領域、他組織に属する多様な人々と、共に働いたり活動したりすることも、重要である素養と言えよう。

　社会が複雑化・多様化する中で、情報やデータをいかに扱うかが防災においても重要な鍵である。あらゆる情報・データを収集し処理する技術が身近になった現代では、処理技術を有していなくても、情報・データを理解したり有効に活用したりすることが出来る能力は必須であろう。また、リスク情報や災害情

報、避難情報は、住民の避難や住まい方に大きな影響を及ぼす要因であり、それらを効果的に発信することが安全な避難や住まい方につながる。この様に、情報やデータ活用に関わる知識や能力を有することは、これからの防災分野でも必須となることから、防災教育もそれらに応えるような内容を充実させていく必要がある。

■16-4　兵庫県立大学の防災教育の取組

　「防災リーダー教育プログラム」や「減災復興研究科」においては、防災において求められる様々な知識や能力を身につけられるような教育を行うとともに、防災対策や復興施策を考える上で、現場を知り被災者側の立場で物事を理解することが重要だと考えている。そのため、学部、大学院ともに、講義やフィールドワークにおいて、被災現場を見たり、被災者の方々と関わったりする機会を出来る限り作っているが、このように座学にとどまらない現場で体験しながら学ぶアクティブラーニングによる教育が、防災分野では必須である。

　大学の防災教育に求められるものは、社会や環境の変化とともに目まぐるしく変化してきている。気候変動や南海トラフ地震への対応は、もう目の前にあるリスクである。また、社会が多様化、リスクは複合化し、経済や人の動きはグローバル化していることは、対応はより複雑化している。個人や個別の組織は防災への対応力を向上させていかねばならないが、それぞれが出来ることには限界があることから、多様な個人や様々な組織と連携・協力して補完的・相乗的な効果を追求していくことが望まれる。そして、地域コミュニティや産業、行政等の協力を得るとともに、海外の大学とも連携して、常に防災教育の内容と質をアップデートし続けることで防災教育のフロンティアを先導していくことは、大学が求められた重要な役割であり我々もめざしていくところである。同時に、防災に関わる人材は、一人一人に寄り添って支援を考え実践していかなければならないという考え方が大学の防災教育の根底にある。一人一人の安全・安心を実現するという強い志と、それを支える知識と力を有した人材を育てることが、当センターと研究科の責務である。

後書き

　私が防災教育研究センターに着任したのは 2016 年 4 月です。着任前から
センターについては知っていましたが、同じ組織に入って改めて「設立当時か
らの先生方は、とんでもなくすごい防災教育活動をしている」と感じました。
防災に秀でた人材の育成に加えて、人間教育としても素晴らしいもので、新鮮
な衝撃を受けました。

　前身の防災教育センターの設立から 10 年が経ち、当初から活動の中心であっ
た森永速男先生がご退官されようとする今、節目としてこれまでの素晴らしい
取組や思考の過程を記録し、同じ防災教育に取り組む大学・教育関係者、防災
関係者、そしてセンターの活動を支えて下さった方々にお伝えしたいと考えて
いたところ、本書の出版という貴重な機会に恵まれました。

　編集しながら実感したのは、センターの活動は、阪神・淡路大震災を経て兵
庫県民が育んできた重層的な防災文化に支えられていることです。県立大学な
ので県民からの税金で支えられているのはもちろんですが、それ以上に「大学
での防災教育は大切だ」という有形無形の後押しを、いつも心強く感じます。
我々の防災教育の取組は、阪神・淡路大震災以降、たゆまず防災や被災地支援
に取り組み続けてきた兵庫県民の成果の一つだと言えるでしょう。

　さらに、フィールド学習を重視するセンターの活動は、県内のみならず全国
の方々のご支援・ご協力が不可欠です。大変な状況でも我々を受け入れてくだ
さった被災地の方々、全国の防災関係者や地域・学校等で活動されている方々、
そして本学関係者を含めたお世話になった全ての皆様に対して、改めて心より
感謝申し上げます。本書にてセンターのこれまでの活動を報告させていただく
と共に、多くの方から託された想いに応えられるよう、今後も努力して参りま
すので、引き続き叱咤激励やご指導・ご支援をよろしくお願いいたします。

　　　　　　　　　　　　　　　　　　　　　　　編集代表　紅谷昇平

執筆者紹介（五十音順）

青田 良介（15 章）
兵庫県立大学大学院減災復興政策研究科・防災教育研究センター教授。「減災復興政策概論」、「Disaster Resilience & Social Innovation」、「兵庫の災害と防災」などの授業を担当。専門は被災者支援政策、防災行政。

浦川 豪（7 章、8 章、10 章）
兵庫県立大学大学院減災復興政策研究科・防災教育研究センター准教授。「生活と防災」、「防災実践講座」、「防災ゼミナール」などの授業を担当。専門は災害情報、災害情報システム。

加藤 恵正（3 章）
兵庫県立大学大学院減災復興政策研究科・防災教育研究センター教授。「地域産業構造論」、「災害現場と防災」、「減災復興まちづくり」などの授業を担当。専門は地域産業再生・再編。

久後 巧（12 章）
広島県坂町職員。兵庫県立大学大学院減災復興政策研究科修士課程を 2020 年修了。在学中から、平成 30 年 7 月豪雨で被災した坂町でボランティアとして被災者支援に取り組み、現在は町職員としてだけでなく、NPO 法人 SKY 協働センターのボランティアスタッフとしても活動中。

阪本 真由美（3 章）
兵庫県立大学大学院減災復興政策研究科・防災教育研究センター教授。「兵庫の歴史と自然災害史」、「防災教育と心のケア概論」などの授業を担当。専門は防災教育、防災危機管理、国際協力。

澤田 雅浩（3 章）
兵庫県立大学大学院減災復興政策研究科・防災教育研究センター准教授。「都市災害とまちづくり」、「社会特性と減災復興」などの授業を担当。専門は災害復興計画、防災・減災まちづくり。

冨永 良喜（3 章）
兵庫県立大学大学院減災復興政策研究科・防災教育研究センター教授。「防災教育と心のケア概論」、「災害と人と健康」などの授業を担当。専門は災害心理臨床。

馬場 美智子（6 章、16 章）
兵庫県立大学大学院減災復興政策研究科・防災教育研究センター教授。「自然災害と防災」、「防災の国際協力」、「災害現場と防災」、「減災復興まちづくり」などの授業を担当。専門は減災まちづくり、都市地域安全マネジメント。

紅谷 昇平（3 章、4 章、編集代表）
兵庫県立大学大学院減災復興政策研究科・防災教育研究センター准教授。「災害リスクマネジメント」、「社会特性と減災復興」などの授業を担当。専門は都市防災、災害マネジメント。

桝田 和宏（13 章）
Voice Percussion KAZZ。ボイスパーカッションの日本のパイオニア。兵庫県立大学大学院減災復興政策研究科修士課程を 2019 年修了、現在客員研究員。防災士。阪神・淡路大震災での被災をきっかけに音楽と防災が融合した活動に取り組み、石田裕之とのユニット Bloom Works として活動中。

宮本 匠（3 章）
兵庫県立大学大学院減災復興政策研究科・防災教育研究センター准教授。「災害支援とボランティア」、「災害と人と健康」などの授業を担当。専門は復興、グループ・ダイナミックス。

室﨑益輝（1 章）
兵庫県立大学大学院減災復興政策研究科・研究科長、防災教育研究センター・センター長、教授。「自治体防災行政論」、「生活環境アセスメント論」などの授業を担当。専門は減災計画、復興計画。

森永 速男（2 章、5 章、9 章、11 章、14 章）
兵庫県立大学大学院減災復興政策研究科・防災教育研究センター教授。「地球の営みと災害」、「防災フィールドワーク」、「防災ゼミナール」などの授業を担当。専門は自然災害史、防災教育。

JASRAC 出 2201400-201

大学と防災教育
兵庫県立大学防災教育研究センターにおける10年の実践

2022年3月31日　第1刷発行

編著者　兵庫県立大学防災教育研究センター
発行者　金元　昌弘
発行所　神戸新聞総合出版センター
　　　　〒650-0044　神戸市中央区東川崎町1-5-7
　　　　TEL 078-362-7140　FAX 078-361-7552
　　　　https://kobe-yomitai.jp/

印　刷　神戸新聞総合印刷